本书出版得到教育部人文社会科学研究青年基金项

U0515212

Research on the Influence of Road Traffic on Land Use
in Urban Agglomeration Areas

城市群地区道路交通
对土地利用的影响研究

———————————————— 刘永伟　著

中国财经出版传媒集团

经济科学出版社

Economic Science Press

图书在版编目（CIP）数据

城市群地区道路交通对土地利用的影响研究/
刘永伟著. -- 北京：经济科学出版社，2022.6
ISBN 978 - 7 - 5218 - 3805 - 3

Ⅰ.①城…　Ⅱ.①刘…　Ⅲ.①珠江三角洲 - 城市群 -
道路网 - 影响 - 城市土地 - 土地利用 - 研究　Ⅳ.
①F299.276.5

中国版本图书馆 CIP 数据核字（2022）第 112935 号

责任编辑：于　源　姜思伊
责任校对：隗立娜
责任印制：范　艳

城市群地区道路交通对土地利用的影响研究

Research on the Influence of Road Traffic on Land Use in Urban Agglomeration Areas

刘永伟　著

经济科学出版社出版、发行　新华书店经销
社址：北京市海淀区阜成路甲 28 号　邮编：100142
总编部电话：010 - 88191217　发行部电话：010 - 88191522
网址：www.esp.com.cn
电子邮箱：esp@ esp.com.cn
天猫网店：经济科学出版社旗舰店
网址：http://jjkxcbs.tmall.com
北京密兴印刷有限公司印装
710 × 1000　16 开　14.25 印张　200000 字
2022 年 10 月第 1 版　2022 年 10 月第 1 次印刷
ISBN 978 - 7 - 5218 - 3805 - 3　定价：58.00 元
（图书出现印装问题，本社负责调换。电话：010 - 88191510）
（版权所有　侵权必究　打击盗版　举报热线：010 - 88191661
QQ：2242791300　营销中心电话：010 - 88191537
电子邮箱：dbts@ esp.com.cn）

前言
PREFACE

　　交通和土地是实现区域协调发展的关键要素和重要载体，作为运输体系中最为主要、最能反映空间格局变化的网络体系，道路交通网络与土地利用之间的相互作用和相互影响最为紧密。尤其是高速公路、高速铁路等道路交通网络的不断发展极大的便利了城市之间的网络联系，对区域的网络化重塑产生了推动作用。道路交通网络通过影响资金、技术、人口等生产要素的流动改变了土地的空间布局、利用强度以及利用结构。同时，人类在土地上的经营活动在对地表土地覆盖产生改变的同时重构了地表景观形态，对区域景观格局产生作用。随着交通基础设施建设的不断推进，道路交通网络的结构向着日益复杂化和多样化的趋势发展，在这一趋势下，如何更好地研究道路交通网络发展对土地利用及景观格局的影响成为优化土地利用格局、实现区域可持续发展的重要途径。

　　城市群是城市发展到成熟阶段的最高空间组织形式，依托发达的交通通信等基础设施网络最终形成空间组织紧凑、经济联系紧密、并最终实现高度同城化和高度一体化的城市群体。城市群是社会生产力高度集聚的空间表现形式，是城市化在地域空间上的反映，作为城市化空间组织的主要形态，城市群地区人口和城镇数量密集，中心城市地位突出，城市之间经济社会联系紧密，具有高度开放、多中心、高密度、强流动和网络化等特征，这些特征决定了城市群地区的道路交通发展速度和模式等具有特殊性，进而对土地利用的影响表现出差异性。改革开放以来，在珠江三角洲城市群、长江三角洲城市群、京津冀城市群和山东半岛城市群等经济发展较快的城市群地区，交通基础设施建设逐步完善，交通可达性水平不断提高，土地利用发生剧烈变化，在此过程中，道路交通对土地利用的规模、格局的影响及其成因的研究不仅直接影响到城市群交通布局及土地利用空间结构的重塑，而且对于我国的快速城市化进程也产生着不可忽视的影响。

《中华人民共和国国民经济和社会发展第十四个五年规划和2035年远景目标纲要》提出以促进城市群发展为抓手，全面形成"两横三纵"城镇化战略格局。优化提升京津冀、长三角、珠三角、成渝、长江中游等城市群，发展壮大山东半岛、粤闽浙沿海、中原、关中平原、北部湾等城市群，培育发展哈长、辽中南、山西中部、黔中、滇中、呼包鄂榆、兰州－西宁、宁夏沿黄、天山北坡等城市群。城市群的发展已经成为国家长期战略的重要组成部分和发展要点。改革开放以来，珠江三角洲城市群凭借其良好的区位优势迅速成为我国社会经济最为发达的地区之一。作为东亚地区规模最大的巨型城市区域，通过优化土地利用格局创造统筹三生空间，实现珠三角城市空间从产业区到都市区提质的重要途径。本书以珠江三角洲城市群作为案例区探讨城市群地区道路交通对土地利用的影响具有一定的典型性和代表性。

本书内容包括四个部分共八章，第一部分是本书的导入部分，由第1章和第2章组成，第1章主要分析本书的选题背景、选题意义、相关概念界定及国内外相关研究进展，第2章主要对研究区域、研究数据、研究框架及技术路线进行了描述。第二部分为道路交通网络与土地利用时空演化分析，由第3章和第4章组成。其中第3章研究了案例区道路交通网络演化特征，第4章研究了案例区土地利用演化特征。第三部分为案例区道路交通对土地利用的影响研究，由第5章和第6章组成，第5章研究了案例区道路交通对土地利用规模的影响，第6章研究了案例区道路交通对景观格局的影响。第四部分为案例区道路交通对土地利用的影响原因分析，主要通过人类活动强度来进行探讨，由第7章组成，包括影响类型区划分方法、划分结果及基于类型区划分结果的原因解析。第五部分为结论和讨论，由第8章组成，是在总结主要研究结论的基础上，就研究的不足及未来研究方向进行了展望。

本书以珠江三角洲城市群作为案例区研究了城市群地区道路交通对土地利用的影响，期望能够为城市群地区交通发展、用地布局及生态环境保护提供理论支撑的同时，可以在一定程度上为城市群地区土地资源配置不均衡及土地低效利用等问题提供解决的思路及方法。由于学科的交叉性，本书难免存在不妥与疏漏之处，敬请广大同行和读者批评、指正。

目　录

第1章

研 究 综 述

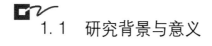 1.1 研究背景与意义

1.1.1 研究背景

（1）城市群地区经济社会不断发展导致土地利用发生巨大改变。

自1978年改革开放以来，中国确立实行对内改革、对外开放的伟大政策，由此中国人民进入了改革开放和社会主义现代化建设的新时期，中国经济获得了突破性发展。在这样的经济背景下，珠江三角洲城市群、长江三角洲城市群、京津冀城市群及山东半岛城市群等地区凭借区位和政策等优势迅速成为中国最具发展潜力的地区，依托发达的交通及通信等基础设施网络，形成空间组织紧凑、经济联系紧密、高度同城化和一体化的区域，是城市发展到成熟阶段的最高空间组织形式。随着城市群地区经济的高速增长、城市化进程的快速推进及人口和交通基础设施的不断集聚，导致土地利用规模和格局发生了剧烈的变化。土地利用破碎化程度的加剧使得城市群地区成为土地利用格局变化极其强烈和

复杂的区域。

鉴于中国与世界发达国家在经济和社会发展等方面存在的差异，珠江三角洲城市群、长江三角洲城市群、京津冀城市群及山东半岛城市群等地区的土地利用在规模格局以及时空演化上呈现出中国城市群特有的发展轨迹，因此，急需总结改革开放四十多年来中国城市群地区土地利用规模和格局变化及其时空演化的规律。

（2）道路交通成为城市群地区土地利用变化的关键推动力。

城市群地区是社会生产力高度集聚的空间表现形式，是城市化在地域空间上的反映。道路交通运输系统能够克服时空障碍，促进城市群的人口及经济等要素的发展。由各种道路组成的道路交通系统是城市群地区发展的强有力支撑，使得整个地区拥有较高的可达性，从而对区域整体的土地利用规模和格局产生影响。道路交通基础设施是土地利用变化的最重要的几个生物物理因素之一，通过改变人类的移动模式和引入不同的社会经济要素来改变土地利用现状。同时，道路交通对生态系统的结构、功能和格局产生直接或者间接的作用。道路建设成为地区经济及社会发展的重要表征，其发展速度及分布范围远远高于其他人类建设工程。随着道路网络的不断演化和发展，尤其是在城市群地区经济快速发展的背景下，道路交通设施对城市群地区生态环境影响效应逐渐加强，成为城市群地区土地利用变化的关键推动力。

1.1.2 研究意义

1.1.2.1 现实意义

（1）优化道路交通建设和土地利用布局是实现地区可持续发展的必然要求。

任何地区的发展均需要道路交通作为基础和前提，交通是促进区域发展的基础和支撑。土地资源是区域经济和产业发展的必要载体，经济和产业发展迅速的城市群地区到了一定阶段就会面临发展空间缺乏、发展成本过高等一系列问题，诸多城市群的发展已经验证了这一问题。因此，如何实现区域可持续发展成为当前亟待解决的问题。研究城市群地区道路交通对土地利用的影响，可以在很大程度上提前发现问题，并积极提出解决问题的对策，为实现城市群地区的可持续发展提供指导。

（2）基于镇街尺度的研究可以更好地兼顾尺度及研究区内部特征。

以往的大尺度研究，尤其是省级城市群研究多是以区县为研究单元进行，整体研究尺度偏大，对于县区内部的差异体现不足。随着地理信息系统技术的发展，部分研究将研究区划分为若干空间格网，如按 1 千米 ×1 千米、4 千米 ×4 千米的格网等进行研究，这种方法可以很好地对研究区进行细化，但是同时也消除了区域内不同研究单元属性的天然差异，尤其是对土地利用呈现出的分布特征不能很好地表征。因此，基于镇街尺度的研究在细化研究单元的基础上，最大限度地保留了研究区不同空间单元的特征，能够更好地发现存在的问题。

1.1.2.2 理论意义

（1）进一步加强经济发达地区道路交通与土地利用关系的认识。

本研究以景观生态学及交通地理学等相关理论为基础，探讨城市群地区道路交通发展与土地利用的关系，以此为基础深入解析道路交通发展对土地利用的影响，这在一定程度上充实了交通地理学研究体系。以镇街尺度为研究单元系统探讨道路交通对土地利用的影响，为景观生态学扩展了研究方向。

（2）对经济发达的城市群地区交通发展及用地布局理论提供有益补充。

土地是推进城镇化的重要载体，城市群地区的快速发展离不开土地资源的大量开发利用，交通发展成为土地利用变化的重要影响因素。探讨道路交通对土地利用的影响可以在一定程度上为城市群地区土地资源配置不均衡及土地低效利用等问题的解决提供理论支撑。

1.2 概 念 界 定

1.2.1 可达性

可达性是道路交通发展的重要表征指标，可达性也称为通达性、易达性，是指一个地方到达另一个地方的容易程度，汉森（Hansen，1959）首先将可达性定义为交通网络中各节点相互作用机会的大小，并且使用重力模型对交通可达性与土地利用的相互关系进行了研究。沈（Shen，1998）的研究认为，可达性是空间对象相互作用的潜力，某点所受作用力越大其可达性越好，同时，还可以通过单位时间内的发展机会进行衡量（Wachs and Kumagai，1973；Black and Conroy，1977）。可达性主要包含两方面的含义，其一是网络的特点或者连通性，其二是相应终点的区位（Vickerman，1974）。国内学者认为可达性应该包含以下三个方面：第一，交通系统的种类及不同种类的组合，如速度等；第二，被评价的各地理实体在区域中的分布情况；第三，接近与被接近对象的收入状况等社会经济特性（杨家文、周一星，1999）。

国内外学者对可达性概念的理解各不相同，但大多包含以下三个方面：第一，起点与终点之间的选择；第二，起点和终点的吸引力，如人口、就业、经济发展水平、服务水平等对交通通达性的影响；第三，克服时间和空间的阻隔所需的交通成本。

1.2.2 土地利用景观格局

本研究中的土地利用景观格局即景观格局，也可称为土地利用格局，指由人类活动与自然过程共同作用下形成的不同土地利用类型在空间上的互相组合的配置方式，是自然因素与人为因素相互作用的综合结果，其在空间上表现出破碎化、多样性等特征。主要使用景观指数来计算表征，在引入地理学的最初阶段，"景观"指一个区域的总体特征，探索由自然景观转变为人文景观的过程（Wu，2007），在景观生态学的研究中指地球表层在一定空间范围内由人类和自然要素的结构功能统一形成的地域综合体。景观和土地概念在外延上基本相同（肖笃宁，1991；陈利顶、傅伯杰，1996）。土地侧重土地用途、经济价值等社会经济属性，景观侧重生态价值等自然属性，内涵更广（Wu，2006）。土地要素的空间分布不均衡导致景观异质性的出现，同时，人的土地利用行为导致了景观格局的演变（刘彦随，2008）。

因此，本研究中的土地利用景观格局使用土地利用与景观格局相互交叉的部分进行分析，即将土地利用类型、数量在空间上的互相组合及配置方式，使用景观格局指数进行形象化、具体化的表征，这对于土地利用景观格局的研究更加具有可行性。

1.3 国内外研究进展及述评

本研究主要从道路交通对土地利用规模和景观格局两个方面的影响来进行研究，由于景观格局主要使用景观指数进行表示，因此在研究道路交通对土地利用影响主要进展的基础上，从景观生态学的角度对研究文献进行进一步的扩充。基于此，本书在国内外学者关于道路交通对土地利用影响研究的基础上，进一步对与土地利用相关联的景观格局影响进行文献梳理与综述，使得研究文献的深度和广度得到保证。

交通可达性这一概念成为分析道路交通的重要指标，其对土地利用和景观格局的影响已经成为交通地理学和景观生态学共同关注的内容。近年来，随着交通基础设施不断完善，尤其是改革开放的不断发展以及我国主导的"一带一路"基础设施建设不断推进，中国对俄罗斯等国家的投资水平和质量逐渐提高，与俄罗斯等国家的经济、贸易及技术交流与合作不断强化（徐昱东，2019），在重视经济社会发展的同时，道路交通对土地利用及生态环境的影响也日益引起重视，传统的环境影响评价多是基于具体项目进行的分析、预测和评估，宏观指导性不强。随着遥感与 GIS 技术的不断发展，历史数据的获取及分析能力不断增强，因此进行不同时间段、不同类型区域的研究成为可能，尤其是随着中国对于生态环境重要性重视程度的不断提升，地区高质量发展成为未来经济社会的主要发展方向（亓朋，2020），在此背景下土地利用和景观格局的长时间序列、多尺度及不同类型的研究呈现出不断增长的态势。道路交通建设通过影响土地利用规模进一步对景观格局产生影响，交通可达性成为了连接道路交通发展与土地利用的关键因素。

中国相关研究起步较晚，主要集中在"案例研究——消化吸收"上。基于此，本研究使用知识图谱分析方法（Chen，2006），在对英文期刊进行传统文献统计的基础上对研究现状进行详细的分析并以知识图谱分析结果为基础对国内外研究进行总结。

1.3.1 基于知识图谱的研究动态

1.3.1.1 文献数据来源

以 Web of Science（WOS）引文数据库为基础，以"主题 =（accessibility OR road OR traffic OR transport OR transportion）AND 主题 =（land use OR landscape）进行文献检索，以检索出的文献为基础进行知识图谱研究分析（见表 1-1）。

表 1-1　　　　　　研究高被引文献（前 10）

作者	题目	年份	发表期刊	被引频次	统计来源
Richard TT Forman	Road ecology: science and solutions	2003	专著	1875	谷歌学术
Walter G Hansen	How Accessibility Shapes Land Use	1959	Journal of the American Planning Association	841	Scopus
Marc Antrop	Landscape change and the urbanization process in Europe	2004	Landscape and Urban Planning	444	WOS
Marc Antrop	Why landscapes of the past are important for the future	2005	Landscape and Urban Planning	440	WOS
Matthew Luck	A gradient analysis of urban landscape pattern: a case study from the Phoenix metropolitan region, Arizona, USA	2002	Landscape Ecology	348	WOS
Richard TT Forman	Estimate of the area affected ecologically by the road system in the United States	2000	Conservation Biology	302	WOS
Matthias Bürgi	Driving forces of landscape change-current and new directions	2004	Landscape Ecology	268	WOS
Alisa W Coffin	From roadkill to road ecology: A review of the ecological effects of roads	2007	Journal of Transport Geography	253	WOS
Richard TT Forman	The ecological road-effect zone of a Massachusetts (USA) suburban highway	2000	Conservation Biology	244	WOS
Jianguo Wu	A spatially explicit hierarchical approach to modeling complex ecological systems: theory and applications	2002	Ecological Modelling	236	WOS

本研究中关于景观的文献主要指的是表征土地利用格局的景观，因此生态学中的关于道路交通对动物、植物、水文及地貌过程等的研究仅

做文献基本分析，但是排除在知识图谱分析之外，筛选剔除相关度不大的文献后，同时补充 Scopus 等其他数据库中重要节点文献，同时由于《道路生态学：科学与解答》(*Road Ecology：Science and Solution*)(Forman，2003)这一著作的重要地位，也将其纳入文献统计分析，共计247篇研究文献。文献首先出现于 1959 年，即汉森提出交通可达性概念的研究文章，但之后相关研究数量增长缓慢，从 2003 年之后研究数量逐渐增多，研究文献大量涌现。通过对高被引文献全面分析发现，高被引文献的分布范围较为广泛，主要集中在对学科系统梳理综述、景观变化及其影响因素、城市化相关实证研究等问题上，从发表时间上来看，基本都集中在 2003 年之后，主要是由福尔曼(Forman)在 2003 年联合交通、生态等领域的科学家，经过 27 个月的案例研究及文献检索后，出版了《道路生态学：科学与解答》这一景观生态学专著，第一次试图将道路生态学上升到理论高度，使得道路生态学相关研究进入快速发展阶段。

1.3.1.2 研究热点分析

使用 Citespace 对高频度关键词进行研究，以对研究热点进行详细分析。通过研究文献进行关键词共现分析可以发现出现频率最高的词为土地利用变化(land use change)、模式(pattern)、城市化(urbanization)，且中心性较高，出现时间也较早，说明与城市化相关的土地利用变化及模式研究成为研究的主要部分。结合时间线图的分析表明，land use change、pattern、动态(dynamics)、破碎化(fragmentation)及森林砍伐(deforestation)等中心性较高的关键词在 2003 年或之前均已出现且延续时间较长，表明这些关键词历来都是研究热点或核心，城市化(urbanization)、增长(growth)、中国(China)、模型(model)、景观模式(landscape pattern)等中心性也较高，表明了城市化、模型及景观模式等方面的研究逐渐增多，驱动力(driving force)、影响(impact)、时空模式(spatial-temporal patterns)、时空分析(spatial-temporal analysis)、空间回归（spatial regression）等高频关键词在 2010 年左右开始出现，表明了研究趋向于使用模型、考虑时间和空间两个维度的研究，并且侧重在驱动力和影响上，如表 1 - 2 所示。

表 1 - 2　　　　　　　　　研究高频度关键词

关键词	频次	中心性	年份	关键词	频次	中心性	年份
land use change	49	0.24	2003	landscape pattern	19	0.05	2004
pattern	45	0.39	2000	biodiversity	17	0.05	2009
urbanization	37	0.18	2004	urban growth	17	0.17	2009
land use	30	0.06	2005	logistic regression	16	0.06	2004
growth	29	0.09	2005	united states	16	0.13	2004
dynamics	28	0.21	2001	population	15	0.11	2006
China	28	0.15	2004	area	15	0.01	2009
fragmentation	27	0.17	2001	landscape metrics	14	0.07	2004
model	26	0.17	2004	conservation	13	0.14	2005
driving force	25	0.08	2009	ecology	13	0.07	2009
gis	24	0.03	2004	remote sensing	13	0.02	2009
deforestation	23	0.14	2000	expansion	13	0.13	2012
city	21	0.11	2003	scale	12	0.37	2002
road	21	0.11	2004	USA	12	0.06	2004
impact	21	0.07	2009	land cover change	12	0.03	2007
cover change	20	0.16	2004	transportation	12	0.07	2010
landscape	20	0	2005	habitat fragmentation	11	0.28	2005
region	20	0.01	2007	landscape change	10	0.08	2004
accessibility	19	0.1	2004	urban sprawl	10	0.07	2005

对论文的期刊共被引情况进行分析，结果表明景观、土地及生态相关的期刊被引频次和中心性都较高，出现的年份较早，如 Landscape and Urban Planning、Landscape Ecology 等，交通领域的期刊发文较少，仅有

Journal of Transport Geography 进入发文前 20 位，表明了在景观、土地及生态相关视角的研究深度较强，基于交通视角的研究相对薄弱，如表 1-3 所示。

表 1-3　　　　　　　　　　期刊共被引用情况统计

期刊	频次	中心性	年份	期刊	频次	中心性	年份
Landscape and Urban Planning	133	0.68	2002	Urban Studies	56	0.2	2003
Landscape Ecology	128	0.16	2000	Annual Review of Ecology and Systematics	55	0.17	2000
Land Use Policy	74	0.04	2004	Environment and Planning A	54	0.17	2002
Journal of Environmental Management	73	0.04	2000	Ecological Applications	52	0.2	2000
Applied Geography	70	0.07	2001	Environment and Planning B	51	0.3	2004
Agriculture，Ecosystems & Environment	68	0.1	2000	Journal of Transport Geography	51	0.02	2009
Environment Management	62	0.16	2000	Remote Sensing of Environment	51	0.02	2005
Conservation Biology	61	0.16	2000	Global Environmental Change	49	0.02	2000
Biological Conservation	60	0.06	2000	International Journal of Geographical Information Science	49	0.2	2004
Ecological Modelling	57	0.2	2000	Science	49	0.22	2000

对发文作者的国家进行研究发现，中国虽然起步晚于美国、荷兰、比利时等西方国家，但是随着时间推移，中国学者的研究成果数量及影响力提升速度极快。同时，对文献共被引频次的分析表明，主要的被引文献多来自西方学者，其研究集中于景观领域，同时，中国学者相关研

究的影响力也在不断增加。

1.3.2　主要研究进展

1.3.2.1　道路对动植物物种和自然过程的影响

（1）道路对动植物物种的影响。

道路对动物种群的影响主要包括屏障作用、物种躲避及道路致死。第一，屏障作用，屏障作用主要表现在道路将物种细分成亚种群，研究表明森林和草原鸟类物种的丰富度、多样性和繁殖活动在距离道路300—1000米的范围内显著减少（Forman and Reineking et al.，2002；Rheindt and Frank，2003；Francis and Ortega et al.，2011），产生这些影响的原因主要是由于交通噪音和光的扰动作用；第二，物种躲避，主要是由于交通噪声导致的，福尔曼（2002）认为交通基础设施建设导致景观中的道路密度明显增高，道路对物种躲避的影响作用逐渐加大（Forman，2002），同时研究也表明鸟类交配可能受到公路的不利影响（Forman and Deblinger，2000）；第三，道路致死是道路对动物种群影响的重要方面（Forman and Alexander，1998；Forman and Deblinger，2000），道路致死也成为一部分动物种群数量的限制因子（Bangs et al.，1989），同时也是哺乳动物和鸟类在相似距离上数量降低的根本原因（Eigenbrod et al.，2009；Fahrig and Rytwinski，2009；Summers et al.，2011）。道路的经营管理导致道路周边的物种数量低于周边地区，但增加了植物的扩散途径（Tikka et al.，2001）。

道路对生态过程产生重要的影响，道路交通设施通过破碎化作用改变自然栖息地，产生障碍和干扰作用，通过道路致死和引入外来物种干扰动生态系统结构（Fahrig and Rytwinski，2009）。同时，道路交通设施是土地利用变化最重要的几个因素之一，其通过改变人类的移动模式和引入不同的社会经济要素来改变土地利用现状（Jaeger et al.，2007；

Freitas et al. ，2010）。卡尔森等（Karlson et al. ，2015）研究了道路交通设施对生态过程的积极和消极影响，使用 GIS 和 Fragstats 计算景观指标来量化道路对于栖息地数量和连通性的影响，研究结果表明：与原始针叶林相比，天然草地和阔叶林更容易受到道路交通设施的影响；生境丧失是道路影响的主要结果；为了提高环境评估分析方法的质量，建议利用定量方法来生成环境信息基线和预测结果以使生态环境影响评估更加准确（Karlson and Mörtberg，2015）。博丹等（Bodin et al. ，2010）的研究表明，道路对不同物种的影响存在差异，拥有中间运动能力的物种对景观连通性的变化最敏感，因此具有中间运动能力的物种是分析道路交通的破碎和干扰作用的最优物种（Bodin and Saura，2010）。

在很大程度上，道路对生物多样性产生诸多影响，特罗姆布拉克等（Trombulak et al. ，2000）及科芬（Coffin，2007）等众多学者认为道路网络已经成为全球生物多样性危机的主要诱因（Trombulak and Frissell，2000；Coffin，2007），对于道路消极影响的研究较为成熟（Davenport and Davenport，2006；Coffin，2007；Rytwinski and Fahrig，2012）。构建族群理论成为一个重要研究方法，族群理论认为物种的丰富度取决于在生境镶嵌景观中物种灭绝和新物种进入的速度、栖息地的丰富度和连通性（Hanski and Gilpin，1991；Holderegger and Giulio，2010），根据这一理论，栖息地的数量和连通性与物种生存能力呈正相关，这意味着栖息地的丧失和破碎化可以用主要交通基础设施的影响来解释，栖息地的破碎化意味着一块栖息地被分成两个或两个以上的小斑块，破碎化降低了栖息地的连通性。

国内研究认为，公路的不断建设改变了生态系统的结构和功能，对研究区生物栖息环境造成影响，进而对区域生物种群的演替产生作用。生态系统一般经历从幼年到成熟、从简单到复杂的演替过程（包薇红、范兢，2000），同时道路也可以改变生物种群的演替方向（王天巍，2008）。分析道路的影响主要采用实地调研等方法，董世魁等（2008）为探讨道路工程建设与环境因子对紫茎泽兰入侵的生态效应，分析了滇缅国际通道沿线紫茎泽兰的分布规律，研究结果表明，公路所在路段、公路类型、公路建设年限、公路工程用地类型及样点与公路的距离等道路因子显著影响了紫茎泽兰的存在度（董世魁、崔保山等，2008）。孔亚平等（2011）探讨了道路建设对野生动物的影响，结合我国道路生态学发展实际提出两点建议：以生态敏感区域为案例深入探索道路建设对野生动物的影响域研究的学术空白领域；结合生态敏感区域道路建设实际指导生态敏感区域道路建设（孔亚平、王云等，2011）。同时，道路结成网络对生态系统及其生境产生影响，主要表现为斑块形状趋于不规则等特征（李双成、许月卿等，2004）。刘志强等（2015）的研究表明，道路建设影响陆生及水生物种的大小和灭绝率等（刘志强、李翠翠等，2015）。

（2）道路对自然过程的影响。

道路建设显著改变地表植被，对水文和地貌等自然过程产生显著影响，这种影响是土地利用和景观格局变化的基础。由于人为改变景观，道路建设速度增加，新的道路在许多地区出现（Jimenez et al.，2013），道路网络与水和泥沙径流以多种途径相互作用（Wemple et al.，1996；Johnes，2000；Forman，2003）。道路影响各种水文和地貌过程，已有研究充分地证实了这一观点（Reid and Dunne，1984；Luce and Cundy，1994；Montgomery，1994；Luce and Wemple，2001）。在道路的环境影响作用之中，对水文（Luce，2002）和生态过程（Johnes，2000；Coffin，2007）的影响是至关重要的。

道路和地貌过程的研究较为丰富，主要包括山区/丘陵道路景观研究（Luce and Wemple，2001；Croke and Mockler，2001；Fransen et al.，2001；Marche and Lettenmaier，2001；Madej，2001），道路、径流和侵蚀/沉积物研究（Fransen et al.，2001；Wemple et al.，2001；Ziegler et al.，2004；Eisenbies et al.，2007；Jordán – López et al.，2009；Collins et al.，2010；Hölzel and Diekkrüger，2012；Thomaz et al.，2014；Butzen et al.，2014），冲沟侵蚀研究（Nyssen et al.，2002；Takken et al.，2008；Katz et al. , 2014；Dewitte et al. , 2015），连通性（Croke et al. , 2005；Latocha，2014）及平原景观的道路研究（Beevers et al. , 2012；Douven et al. , 2012；Buchanan et al. , 2013）。

山区/丘陵道路景观支撑农业发展、森林采伐、贸易和旅游，但在许多地方面临环境问题的挑战。西德尔等（Sidle et al. , 2012）以尼泊尔农村地区山路的研究表明，2010 年道路建设后发生了山体滑坡，其起因是各种自然因素的组合，这与道路修建具有关联性（Sidle and Zie-gler，2012）。山坡上的道路和地貌过程以多种方式进行交互，主要包括：道路导致地表径流的增加（Wemple and Jones，2003；Hölzel and Diekkrüger，2012）；道路的分割可以增加潜在的侵蚀性（Wemple and Swanson et al. , 2001；Tarolli，2013）；受到道路和降雨的侵蚀影响（Wemple et al. , 2001）；通过提高其他因素的影响产生作用（Eisenbies et al. , 2007）；道路对景观和土壤侵蚀产生影响（Sugden and Woods, 2007）。由于对径流、水土流失和泥沙运输的影响，道路可以对流域连通性产生整体作用，主要包括两个方面：通过管道和沟渠的直接连接及通过地面水流的扩散连接。道路几何网络特征对连通性也起着关键作用（Pechenick et al. , 2014）。

国内相关研究认为，道路在改善人民生活条件、促进经济发展的同时，对地区的自然过程产生巨大影响。如水文变化造成河道形态压力、水土流失面积扩大等，路表风化物等直接对景观产生影响。道路建设产生大量泥沙，是最严重的影响之一，道路建设造成水土流失面积扩大等一系列问题，成为产流产沙的重要来源（李俊生、张晓岚等，2009）。同时，道路也会对地形稳定性产生较大的影响（崔鹏，林勇明，2007）。

1. 3. 2. 2　可达性对土地利用的影响基础

（1）可达性成为分析交通和土地利用相互作用的基础。

在当今社会中，大多数人生活在一个地方，工作在其他地方并在此处进行其他活动。也就是说，人们在不同的地方活动以满足生理、经济、社会和其他需要，所有个人和企业的这些活动地点的空间分布特征决定了一个地区的土地利用模式。交通是转移人和商品的手段，因此道路交通和土地利用之间的关联是非常明显的，卡斯莱安等（Kasraian et al.，2016）认为，可达性成为分析交通和土地利用相互作用的基础（Kasraian et al.，2016）。在传统的城市理论中，可达性被认为是决定土地利用模式最为重要的影响因素之一，金斯利（Kingsley，1949）认为，克服距离成本的最小移动距离对于了解定居点的空间结构至关重要，同时城市活动对可达性产生强烈影响，为某一区域的集中活动提供了更多的目的地，并提高了整体的可达性水平（Handy and Niemeier，1997），这种复杂的关系也表明了可达性和土地利用是内在联系的。

20世纪初期，大多数城市都是通过紧凑发展和混合使用的社区逐渐发展起来的。随着交通技术的进步，城市发展模式开始发生变化。第二次世界大战后，由于私家车的迅速增长和采用现代的分区法规，美国和其他地区出现了一个新的城市发展模式，郊区增长（即城市扩张）在全国范围内蔓延，鼓励各种活动场所的空间分离和对私人汽车依赖性增加。到20世纪70年代，部分学者开始提倡新的城市设计和城市规划方法以减少广泛使用私人汽车导致的负面影响（如交通阻塞、空气污染和城市扩张），这些方法背后的基本思想是鼓励使用更紧凑和混合的社区建设政策，如非电动车旅行（如步行和骑自行车）和公交通系统。这些城市设计和规划方法虽然有不同的名称，如混合土地利用发展、公交导向发展、智能增长和新型城市化，但是都反映出一个想法，即土地发展模式的根本变化可能是改变人们的旅行行为，进而改变旅行模式，最终减少汽车引发问题的有效方式。由于可持续发展的理念，近年来交通运输和土地利用互动引起了研究者新的兴趣。在美国，诸如1998年的"21世纪交通运输公平法案"（TEA-21）以及2005年安全、责任、灵活、高效的交通运输权利法案（SAFETEA-LU）的颁布，所有相关法案的颁布都要求考虑运输政策对土地利用的影响，以实现更加可持续的发展规划。在欧洲，对可持续发展的关切也导致了欧盟委员会框架计划赞助的众多用来研究交通和土地利用问题的项目。因为交通和土地利用政策往往涉及重大投资，并可能影响城市发展模式的演变，所以交通运输和土地利用的相互作用成为地理学家、规划者和政策制定者的重要研究课题（Shaw，2009）。

景观格局作为土地利用的更进一步及更深层次的表征，不仅能体现不同土地利用类型的组分构成及空间分布形式，而且能够根据研究需求对研究区域整体及区域内不同的土地利用类型进行分类研究。在土地利用角度，可以对耕地、林地、草地、水域、建设用地及未利用土地等用地类型进行研究。汉森（Hansen，1959）提出了交通可达性的概念，并利用重力模型研究了可达性与城市土地利用之间的关系，因此从可达性概念的提出开始就与土地利用紧密联系在一起了。交通可达性对土地利用影响的理论框架如图1-1所示：

一方面，交通的发展能提高局部可达性，进而满足更多城市发展的需求。另一方面，土地城市化能够促进区域人类活动增长和交通需求的增加。部分相互作用是直接或相对快速的，而其他则是更长期的，这个系统也是动态变化的（Giuliano，2004），这意味着图1-1中的左侧和右侧因素需要同时考虑。正如循环中呈现出来的市场导向过程（内生性影响），新技术的出现、以经济增长为目标的政策、交通管理与可持续目标等外源性影响通常也发挥作用。土地利用也受到土地可利用性、区位吸引力、区域经济动力和空间政策的影响，同时，可达性通过对土地利用规模的影响进一步对土地利用景观格局产生作用。因此交通—土地利用的相互关系是复杂、动态的过程，许多因素发挥着重要作用。

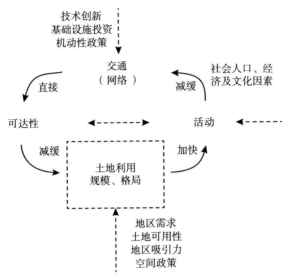

图 1-1 可达性对土地利用影响机理

资料来源：根据 Wegener（2004）和 Bertolini（2012）整理。

（2）交通对土地利用的长时间影响成为重要研究方向。

交通长期影响的实证研究在近几十年发生了显著增加。主要是由于空间交通和土地利用数据质量与可获取性的实质性改善，同时也由于更复杂分析技术的可利用性增强。例如 GIS 允许大量的、历史的、空间数据资源的开发与分析，使监测交通和土地利用的时空变化成为可能。从遥感技术与数字航空影像或历史土地调查提取出的高分辨率土地利用/覆盖数据集，为研究者提供更多精细地图。同时，计量模型的应用有利于研究方法的改进，如辅助变量估计在定量研究中的应用（Atack et al.，2010），这些研究方法的改进促进了关注交通对土地利用长期影响或两者相互作用的定量化研究文献的增加。道路建设对土地利用变化的研究主要包括两个方面，第一方面是通过研究道路建设对人口、就业等的影响来分析，第二方面是直接研究道路建设对土地利用/覆盖变化的影响。同时，不同道路类型的影响也存在差异，主要集中在对铁路和公路的影响上。

欧洲的研究有更长的时间跨度，更注重于长期历史的实证分析。其长时间研究的数量增长，主要原因是 GIS 技术进步、高分辨率数字数据及复杂计量方法的可用性。极少研究使用早于 1950 年的数据进行分析，时间跨度超过 50 年的研究也较少，同时几乎所有关于土地利用/覆盖变化的研究都跨越了 20 世纪下半叶。研究中使用的空间单元通常是人口普查区、地区、自治区或县。更好地分析单元，如地块和街区等通常聚合为网格单元。同时，部分研究运用其他空间单元，例如博林杰（Bollinger，1997）与塞尔淮罗等（Cervero et al.，1997）使用车站 800 米和 400 米的环状地区进行研究。

区域尺度和区域内尺度的研究通常在范围上有所不同。区域尺度的研究往往寻求论证交通对区域土地发展进程的影响，如城市化、区域人口或就业的变化，采用的空间单元通常是大都市区域（Duranton and Turner，2012），近似于探讨交通基础设施与经济生产力之间的关系。区域内研究所用的空间单元更小，如地块、街区、车站区域、人口普查区、地区或自治区，通常跨越整个城市区域。这些研究往往关注于量化由于交通基础设施项目引起的局部的就业、居住、商业密度的变化，以及区域内的土地利用/覆盖的变化。

研究主要使用可达性来分析交通对土地利用的影响，同时，由于数据可获取性问题，亚洲地区的研究集中于土地利用/覆盖变化而不是人口增长。绝大多数研究，特别是早期的研究使用人口密度作为土地利用的代替指标。部分研究使用城市土地比例作为土地利用发展的指标，但总体上仅出现在 20 世纪下半叶，此时通过卫星影像和遥感技术能获得 5—10 年时间间隔的可靠数据，数据通常为栅格数据（Demirel et al.，2008）或基于航空照片手工数字矢量化的数据（Stanilov，2003）。在少部分研究中，将居住在城市区域的人口比重增长（如城镇化）作为土地利用变化的指标来分析交通对土地利用的影响（Atack et al.，2010），同时，伯奇菲西德等（Burchfield et al.，2006）利用城市扩张水平作为土地利用变化的指标（Burchfield et al.，2006）。值得注意的是，由于数据可获取性问题，东亚地区交通对土地利用影响研究涉及的时间较晚，集中于土地利用/覆盖变化而不是人口增长，土地利用/覆盖的快速变化和高分辨率数据的易获取性为研究提供了便利。仅有部分研究利用土地用途（如居住、办公、商业、工业）和密度作为指标，使用聚集地块属性，如总楼层面积进行表征。众多交通基础设施指标用于测度交通运输方式的特征，包括长度、线路、车站的数量或密度、距离车站或高速公路出入口的距离，其中距离一般是通过计算分析单元质心（如网格单元）到交通节点（车站、高速公路出入口）的直线距离测得，部分案例采用了路网距离来测度（Giuliano et al.，2012）。可达性的众多度量方式被用到，从简单的欧氏距离到更复杂的基于重力模型的指标，除了物理的、地理的度量指标，交通投资指标，如（人均）公路改善支出也被用到。

　　铁路的发展对许多地区的人口空间分布发挥显著作用，但是对不同地区影响差异显著，同时，铁路与人口变化之间的联系强度和等级在不同时期会发生变化。在城市尺度方面，阿克贡戈尔等（Akgüngör et al.，2011）研究表明土耳其沿铁路线人口增长与网络发展相关，特别是在1940年之前。贝扎特拉尔等（Beyzatlar et al.，2011）通过对20世纪下半叶铁路基础设施的影响研究发现，铁路长度对人口密度增加有短期和长期两种影响（Beyzatlar and Kustepeli，2011）。在葡萄牙，西尔淮拉等（Silveira et al.，2011）识别出1930年之前铁路发展对人口增长影响的两个阶段：1911年以前，有铁路车站的小区比没有铁路车站的小区人口增长速度更快，但在铁路网络完成之后，影响却变得微弱（Silveira et al.，2011）。铁路发展对人口变化的影响存在区域差异，施瓦兹等（Schwartz et al.，2011）研究表明在19世纪，铁路对法国西南部欠发达地区的人口增长存在正向影响，但是对威尔士与英格兰西南部农村地区的人口减少存在显著关系（Schwartz and Thévenin，2011）。阿尔瓦雷茨等（2013）对同一地区1871—1931年的长时间研究表明，铁路最发达的小区最有可能经历人口增长。同时，科塔瓦拉等（2011a）对芬兰的研究表明，除了 20 世纪 30 年代的十年衰退期外，临近铁路能显著解释 1920—1970 年的人口增长。在另一个研究中，科塔瓦拉等（2011）研究发现，到最近铁路车站的交通时间与 20 世纪 70 年代的人口增长显著相关，但在 20 世纪后几十年变得不显著，2000—2007 年间靠近铁路站点与人口增长之间的关系再次变得显著。对一些研究而言，铁路与人口变化之间的联系强度和等级在不同时期会发生变化，如阿塔克等（Atack et al.，2010）研究证实在 19 世纪 50 年代早期铁路网络对美国中西部人口增长的作用不显著。然而，通过测度居住在城市区域的人口数量发现铁路能显著引起城市化的快速增长。在区域尺度，铁路建设能够促使核心地区人口的减少和周边地区人口的增加。洛佩兹（López，2012）研究发现 1991—2006 年间巴塞罗那都市区铁路网络的改善与郊区人口增长具有相关性。麦克米尔等（2003）的研究表明，1970—2000 年间芝加哥临近通勤铁路车站的小区人口密度较高。另外，布林格等（Bollinger et al.，1997）研究认为，20 世纪 80 年代亚特兰大都市区快速轨道交通车站的区位与城市人口增长没有显著关系。

在铁路对土地利用影响的研究中，以土地利用/覆盖变化作为指标的研究较少，主要集中在区域尺度且土地利用/覆盖指标的研究结果存在相互矛盾之处，但是铁路对住宅开发有显著吸引作用。吴等（Wu et al.，1997）对广州 1979—1992 年间的研究表明，与铁路线距离远近对土地利用/覆盖变化没有影响（Wu and Yeh，1997）。罗等（Luo et al.，2009）对南京市 1988—2000 年间的研究表明，临近铁路会阻碍土地转化为城市用地，学者把这个矛盾归结为铁路并不促进城市内部职能替代，却服务于"远距离城市间"通勤。另外，塞沃洛等（Cervero et al.，1997）的研究表明，土地利用在临近车站时更容易发生显著变化。谢等（Xie et al.，2010）对 1900—1930 年明尼阿波利斯和圣保罗双子城的研究表明铁路对住宅开发有着显著的吸引作用。

公路基础设施建设有助于促进人口从城市中心向周边农村地区迁移，同时导致就业的增长。通过研究 1950—1990 年间洲际公路对美国大都市区郊区化的影响，斯诺（Snow，2007）发现高速公路吸引人口沿高速公路分布，促使中心城市人口减少。同时，洛佩兹（2012）的研究表明，临近高速公路出入口促进了 1991—2006 年间巴塞罗那都市区郊区人口增长。迟（Chi，2010）分析了 1980—1990 年间威斯康星州高速公路"扩张"对人口变化的影响，结果表明高速公路扩张主要影响郊区的人口增长，从而强化郊区化（Chi，2010）。另外，亨利等（1997）研究发现 20 世纪 80 年代高速公路原始存量与南卡罗来纳州、乔治亚州、北卡罗来纳州的农村社区人口增长没有关系（Henry et al.，1997）。总体上，公路基础设施建设影响就业增长，通过研究 1984—1997 年间美国本土 48 个州的高速公路与就业之间的关系，吉拉瓦等（Jiwat et al.，2009）发现非本地公路里程密度可显著解释私有部门就业增长的变化（Jiwat Noland et al.，2009）。麦克米尔等（2003）研究发现 1970—2000 年，高速公路不断促进就业增长，然而亨利等（1997）的研究表明 1980 年的高速公路密度并不是 20 世纪 80 年代就业增长的显著因素。

以土地利用/覆盖变化的分析表明，临近公路网络的地区增加了该地区土地利用变化的可能性，其主要影响是非城用地转化为城市用地（如城镇化等），并且不同类型的区域存在差异。德米雷尔等（Demirel et al.，2008）利用 1987—2001 年五年间隔的卫星影像数据研究发现，伊斯坦布尔都市区东南部的公路交通网络与城市区域增长、荒地及耕地减少相吻合。穆勒等（Muller et al.，2010）的研究表明，1985—1997 年间瑞士的高速公路出入口附近比外围地区城市化发展更快。马索普等（Mothorpe et al.，2013）的研究表明了 20 世纪下半叶乔治亚州的公路发展与城市增长之间存在联系。胡等（Hu et al.，2007）的研究表明，亚特兰大紧靠主要公路地区的城市发展概率近乎是道路 1 千米之外地区的两倍。康韦（Conway，2005）研究发现 1986—1995 年，新泽西地区的高速公路可达性（通过到最近出入口的网络距离测量）与新城市发展存在显著的关系。吴和叶（Wu and Yeh，1997）通过对公路类型进行区分，发现 1987 年中国土地改革之前，靠近高速公路的远离市中心的地方会增加土地开发的可能性，土地改革之后，紧邻城市街道的地区会促进土地开发，表明更靠近市中心的区位吸引新的商业发展的可能将更大。公路网络发展对土地利用/覆盖变化的影响因区位的不同而存在差异，马索普等（2013）的研究表明土地利用/覆盖变化与城镇化初始等级密切相关，在城市、农村及郊区等类型中，只有"城市"地区由于洲际公路发展带来城市土地的显著增长（Mothorpe et al.，2013）。众多研究表明，公路建设吸引商业或工业发展（Verburg and Witte，2004；Iacono and Levinson，2009；Müller et al.，2010），但是抑制住宅开发（Cervero and Landis，1997；McMillen and William Lester，2003；Iacono and Levinson，2009）。斯塔尼洛夫（Stanilov，2003）分析了 1960 — 1990 年间大西雅图地区郊区的公路网络对土地利用分布格局的影响，将住宅与非住宅土地利用增长与基于区域公路网络计算的"整体可达性"联系起来，表明不同土地利用类型寻求区域可达性最佳的区位，通常是商业、工业、多户住房、中等密度独户住宅，最后才是低密度独户住宅（Stanilov，2003）。

（3）道路建设对土地利用的双向影响表明道路交通网络的建设会按照已有的土地利用特征进行布局。

相比于交通对土地利用单向影响的研究，探讨交通与土地利用之间相互作用的研究相对较少，主要研究表明交通基础设施的建设会按照已有的土地利用特征进行布局。已有的文献研究表明，交通网络随着土地利用的变化不断发生改变。早期铁路案例的研究中，铁路是按照现有人口中心布局（Atack et al.，2010），纽约地铁是按照已建成的住宅开发格局布局（King，2011）。同时，双子城的研究表明交通引导土地利用发展，电气化有轨电车导致了城镇化增长（Xie and Levinson，2010）。莱文森（Levinson，2008）研究指出伦敦外围铁路车站密度与人口密度是相辅相成的。

在城市尺度上，多年来已经提出了一系列交通和土地利用相互作用的模型，如 Lowry 模型和时间地理学等社会科学方法。Lowry 模型最初是为了模拟住宅和服务业发展空间分布，是进行交通运输和土地利用反馈循环的第一个实践模型。Lowry 模型采用经济基础理论来模拟基础部门（出口导向型的就业），非基础部门（即符合当地需求的就业）与居住区之间的相互作用。Lowry 模型激发了许多关于这个问题的研究。一般来说，交通运输和土地利用相互作用研究中使用的理论方法可以分为技术方法、经济方法、社会科学方法和行为方法。20 世纪 20 年代，社会学家欧内斯特·伯吉斯（Ernest Burgess）首先观察到同心城市形态。20 世纪 30 年代，经济学家荷马·霍伊特（Homer Hoyt）的研究表明，城市形态是不同收入群体之间的住宅过滤过程的结果。20 世纪 40 年代的地理学家肖尼·哈里斯和爱德华·乌尔曼确定了一个具有多个竞争中心的多核城市形式。社会科学方法的另外一个重要的理论贡献是哈格斯特朗在 20 世纪 60 年代提出的时间地理学。时间地理学在时空背景下分析不同类型约束下的人类活动，它强调在审查个人的活动参与和可达性时应考虑空间和时间。空间和时间通过时空路径的概念联系起来，描绘了一段时间内个人在不同地点活动的顺序。因为物理空间的移动需要时间，所以交通是交换空间和时间的手段。个体可以在给定时间窗内可达的可能位置形成称为空时棱镜的连续空间。随着对出行需求建模兴趣的日益增长以及信息通信技术对活动和出行模式的影响，近年来时间地理学作为研究交通和土地利用关系的替代方法越来越受到关注。根据时间地理学概念，通过时空可达性计算取代基于重力模型的可达性计算成为一种可能。

（4）其他因素对土地利用产生影响。

决定土地利用/覆盖变化的因素是十分确定和明确的，通常根据确定的变量，使用 GIS 空间分析方法或者使用 Logistic 回归等模型来模拟土地从一种类型转为其他土地类型的可能性（Luo and Wei, 2009; Zhang et al., 2013）。

交通技术、交通政策、土地供应、区域需求及区域吸引力等因素在交通对土地利用影响过程中产生作用。在交通对土地利用影响过程中也依赖一些外部因素。交通技术的主要优势，如铁路或有轨电车电气化的涌现已被证明是土地利用变化的主要驱动因素（Xie and Levinson，2010）。基础设施投资与交通政策不仅影响交通供给，也影响交通的使用。交通政策直接导致交通的投资与改善。此外，由众多途径资助的交通项目也能在不同程度上影响土地利用决策。例如，当交通开发者拥有房地产权益或法律依据开发土地，那么交通的发展潜力能得到充分利用（Xie and Levinson，2010）。当交通开发没有与土地开发市场挂钩，收入仅来自于票价收入，在已有建成区内唯一有利可图的线路有可能已被开发，那么新的交通线路不可能引导新的城市扩张（King，2011）。类似地，对土地利用的最终影响可能取决于影响其供应的外部因素。缺少区域需求时新的交通建设不可能刺激土地利用变化，例如铁路促进繁荣区域的发展，与之相反的是，也可能让某些区域发展滞后，甚至阻碍其长远发展（Silveira et al.，2011）。此外，可开发土地的可利用性被证明是交通影响的先决条件（Cervero and Landis，1997）。区域吸引力也是个重要影响因素，布林格等（Bollinger et al.，2003）利用犯罪率来表征区域吸引力，发现犯罪率能消除铁路车站对就业的积极影响（Bollinger and Ihlanfeldt，2003）。部分研究已经尝试通过实证分析测度空间政策的作用，但是主体仅关注当地政策的作用，忽视了区域和国家政策。吴（1997）与程等（Cheng et al.，2003）的研究表明中国是一个例外，研究观察到从中央计划到转型经济的彻底且迅速的变化（通过经济与土地改革），并且测度到其对交通和土地利用关系的影响（Wu and Yeh，1997；Cheng and Masser，2003）。然而，在绝大多数案例中，政策改变的不彻底导致量化其影响变得困难。在尝试考虑规划政策的渐变影响时，乔杜里等（Chaudhuri et al.，2015）利用准实验研究法来分析政策的作用（区域层级政府项目与影响区域城镇化模式的政策事件相结合），研究把意大利同一区域两座城市的土地利用与交通之间的有形与结构差异归因于众多规划政策的间接结果，其主要结论是，政策分别影响土地利用/覆盖和公路网络变化，但不影响它们之间的空间关系类型。最后，除独立的交通与空间政策之外，以交通节点发展为目标的联合政策属于"以公共交通为导向的发展模式"或 TOD 政策的范畴（Chaudhuri and Clarke，2015）。这些政策的主要目标是促进高密度、混合利用、步行与自行车友好型的环境（Cervero，2007）。在区域尺度，土地利用影响因素主要包括地形因素、社会经济因素及政策等因素。艾哈迈德等（Achmad et al.，2015）的研究表明，2004 年海啸之后，班达亚齐的城市发展非常迅速，这对其未来城市的可持续发展提出了挑战。将土地利用数据分为建成区、植被、水体和湿地四类，分析潜在的两种社会经济因素（人口密度和距离商业中心区的距离）和五种物理因素（距离开放式绿地、距离历史区域、距离河流、距高速公路及海岸线的距离）对城市扩张的影响，结果表明，2005—2009 年的土地利用变化显著，特别是建成区面积增加了 90.8%，社会经济因素对城市发展具有促进作用，然而在物理因素方面，除了距离海岸线的距离外，其他都是呈现消极作用（Achmad et al.，2015）。张等（Zhang et al.，2013）对杭州湾城市群增长的空间决定因素进行了研究，结果表明城市景观变得越来越不稳定、不规则并且紧凑，尤其是在城市中心地区，在两个空间尺度上这些变化均显示出明显的空间异质性，距离国道和省道的距离影响城市模式的改变，城市中心对城市扩张的影响随着城市化不断推进而减弱，坡度是影响城市扩张最重要的因素（Zhang et al.，2013）。

1.3.2.3　道路建设对周边地区土地利用和景观格局的影响

道路建设对周边地区土地利用规模的影响研究主要探究不同土地利用类型的面积变化，道路建设对周边地区景观格局的影响研究主要探究不同土地利用类型组合所表现出的格局特征，景观格局一般使用景观指数进行表示。道路建设的影响主要集中在距离道路的一定区域，即道路影响域内，这一区域是道路系统评估的核心，成为土地利用变化研究的重点区域。交通基础设施的影响可以观察距离道路一定范围内，即沿着道路做一定距离的道路影响域进行分析，这些地区的环境特征显著区别于其他地区（Forman and Deblinger, 2000），众多学者对道路影响域进行了研究（Reijnen et al., 1996; Huijser and Bergers, 2000; Boarman and Sazaki, 2006; Bissonette and Rosa, 2009; Eigenbrod et al., 2009; Benítez-López et al., 2010）。福尔曼等（1998）的研究预测道路影响域占美国国土总面积的15%—20%，是道路本身面积的19倍，边缘效应幅度是道路的10倍左右（Forman and Alexander, 1998），利俊恩等（Reijnen et al., 1997）研究表明荷兰国土面积的16%位于道路影响域内（Reijnen et al., 1997）。福尔曼等（2000）认为，由于定向流导致道路影响域呈现典型的不对称，生物物理系统在道路两侧表现出不同的空间模式（Forman and Deblinger, 2000），例如，对于一些物种，道路基础设施如围栏可以创建高质量的栖息地并显著提高现有栖息环境，相反，道路建设会将栖息地转为道路或者路边区域，从而导致栖息地的丧失（Forman, 2003）。

邻近道路的土地因为更容易受到道路建设带来的自然、经济和社会作用，导致土地利用破碎化及孤立作用更加强烈，周边地区的土地利用转换和景观格局变化强度远大于外围地区，且重点在非建设用地向建设用地的转换上。吴等（2014）使用综合分析方法研究中国台湾地区埔里镇的6号高速公路建设的影响，通过对埔里镇社区负责人进行访谈，并结合遥感影像进行分析，发现生物物理因素和社会经济因素是推动土地利用变化的主要力量，同时导致土地利用变化的影响因素是多种多样的，也证明了高速公路对土地利用的破碎化影响及孤立作用（Wu et al., 2014）。张等（2013）通过对2000年、2008年南京市栖霞区土地利用数据的分析，发现建设用地通常倾向于靠近主要交通动脉分布，在城乡边缘地区铁路对土地利用的影响最显著，但是高速公路对土地利用的影响不显著。交通运输动脉和城乡边缘地区的土地利用变化存在显著因果关系，但是在不同的线性交通基础设施中存在差异（Zhang et al., 2013）。

不同城市用地的子类型对于道路影响的敏感程度存在着较大的差异，没有出现统一的关系模式。吴等（2002）的研究表明城市土地结构表现出土地利用/覆盖→景观→区域的层次结构，反映了生态系统的主要层次结构（Wu and David，2002）。米勒等（Müller et al.，2010）以城市增长驱动的农业用地消耗模式为切入点，评估靠近高速公路出口的距离对城市增长的影响，以瑞士主要高速公路沿线的城市增长为研究数据，使用12个年份的土地利用数据，以距高速公路出口的距离表征可达性水平，分析表明城市增长具有明显的距离趋势，距离高速公路出口越近则城市增长速度越快，并且工业用地的这一趋势最为明显。同时，周边已有的建设用地面积及地形因素对城市增长也产生了显著影响。研究认为距离高速公路出口距离和城市增长具有因果关系，且不同区域的各城市用地子类型与高速公路出口距离没有表现出统一的关系模式，因此对于不同区域的不同用地类型建议分类进行研究。回顾最近的交通基础设施和城市扩张之间的关系研究，汉迪（Handy，2005）发现美国大多数交通基础设施影响城市扩张，但关系强度存在差异。其他研究认为，高速公路的存在明显影响土地开发模式，通过可达性的增加促进城市扩张（Jha and Kim，2006）。林等（Lin et al.，2016）引入了一个新的城市功能景观概念，主要用来表示住宅、商业、工业和基础设施用地等城市功能，基于Pleiades影像解译的城市土地利用数据，对道路两侧城市功能景观的模式、人口密度特点及其相互关系进行了分析，结果表明：将景观生态学与城市规划理论相结合是一个有用的尝试，同时发现了厦门市城乡梯度上的五个城市功能区（城市中心、城市周边地区、景观屏障、卫星城市及远郊区）的空间格局特征，进而表明人口密度与城市功能空间具有显著的空间相关性，同时住宅和商业功能是人口集中的主要动力（Lin et al.，2016）。

道路建设对于周边森林景观的影响主要通过影响栖息地和生态流等方面进行分析。诺古埃斯等（Nogués et al.，2014）认为，景观连通性是维护生物多样性和生态系统可持续的重要因素。随着经济发展和自然资源保护的矛盾开始出现，大多数自然植被被外来物种的人工林场取代，人工林场可以产生大量的木材，但是生态价值较低。该研究评估在坎塔布里亚（西班牙北部）地区潜在的天然林连通性的改进。此项研究揭示了在自然森林中加入人工林对于提高连通性的巨大潜力，以及高速公路对研究区域南北连通性的重要影响。根据这些研究结论，识别了人工林斑块比自然林斑块对于保持整个景观的连通性更具重要作用。

国内研究表明道路影响域是景观格局变化的重要研究区域，道路通过生境的破碎化和丧失对景观过程产生影响，从而对道路影响域产生作用，同时，道路对区域景观格局的影响局限在一定范围内。国内研究主要集中在空间距离、景观格局、影响类型等方面（刘世梁，崔保山等，2006a；刘世梁，崔保山等，2006b；刘世梁，温敏霞等，2006；刘世梁，温敏霞等，2007）。黄勇等（2015）确定了道路的影响强度和范围，以渝宜高速（重庆段）作为案例的研究表明，1986—2013年研究区土地利用变化规律正在由"点"往"轴"向格局转变，在道路的驱动下，全区景观格局的变化局限在一定范围内。阎建忠等（2003）研究了1995—2000年兰州至格尔木铁路沿线的土地利用和景观格局变化，研究结果表明不同地区的景观影响存在显著差异。刘世梁等（2008）使用道路网络节点数、连接线数目等网络特征参数分析了澜沧江流域道路发展对生态环境的影响，表明道路网络对周边区域的影响存在一个效应空间限度，即道路的影响域。刘世梁等（2008）以纵向岭谷区道路网络为研究对象，考虑地形等相关因子的分析表明，不同等级道路的影响域大小存在差异，道路影响域比例与人口密度、道路密度等相关性显著。冷文芳等（2011）探讨秦皇岛市自1993年以来的道路分布变化情况以及道路对各土地利用类型的影响。李月辉等（2003）通过构造域外影响来表达道路对景观的改变过程。

1.3.2.4　不同道路类型对景观格局的影响及其累积效应

福尔曼（2003）认为道路的建设是全球景观格局变化的主要原因，

并且在塑造环境中起到了突出的作用。道路建设对斑块类型、景观格局等有着显著的改变作用，道路对景观格局的影响研究从高等级道路到乡村路网都有所涉及（Pauwels and Gulinck, 2000；Quine and Watts, 2009），不同道路类型对景观格局的影响多是以景观指数来进行度量分析。

农村道路、铁路、公路等不同道路类型对景观格局的影响存在差异。鲍威尔斯等（Pauwels et al., 2000）研究了农村公路网络的影响，表明西欧的乡村公路主要通过改变道路边缘的乡村功能景观显著改变农业景观，道路网络改变传统耕作方式来减少景观生态稳定性。奥尔特加等（Ortega et al., 2015）分析了马德里（西班牙）和法罗（葡萄牙）之间高速铁路的选址问题，表明连通性的降低不仅局限在铁路周边，还会延伸到其他地区，主要影响包括栖息地连通性的降低及可达性的提高等（Ortega et al., 2015）。塔格等（2014）利用土地利用动态变化模型探讨了高速公路对景观连接性的影响，这表明高速公路的穿越对研究区景观连通性是一个至关重要的影响因素，同时高速公路建设阻碍物种传播但可能提升特定斑块的作用（Nogués and Cabarga - Varona, 2014）。威尔基等（2000）利用空间斑块指数和价值功能等定量方法评价了线状廊道对景观格局的影响（Wilkie et al., 2000）。道路对景观格局的影响复杂多样，且在不同尺度上的影响存在差异。麦加里加莱等（McGarigalet et al., 2001）认为道路对景观格局的影响存在尺度的差异性，从更大空间尺度上来看，道路对景观格局影响的显著性降低。诸多研究表明在不同的空间水平上，道路建设存在不同的生态影响，主要研究包括：巴西大西洋森林地区的森林景观破碎（Freitas et al., 2010）、步行虫数量的下降（Vasas et al., 2009）、乌克兰和伊比利亚半岛沿着高速公路的森林地区鸟类物种的下降（Brotons and Errando, 2001）及俄亥俄州南部的土地景观变化（Lein and Day, 2008）等。

道路建设对土地利用的破碎化影响主要通过不同类型的路网叠加土地利用现状进行景观格局指数计算来分析，不同类型道路的叠加将会产生不同的累积效应。李等（2010）使用有效粒度尺寸（M_{eff}）评估了由于公路、铁路和城市导致的景观分区程度，发现破碎化在中国的不同区域存在显著差异，西部地区最低，南部和东部最高。几乎所有东部的地区，尤其在靠近大城市的地区具有很高的破碎化水平。中国东部几个省份及地理区在世界上属于严重的破碎化区域，另一些地区与欧洲和美国加利福尼亚州最不发达的地区相似。植物和物种多样性受到威胁的热点区域在高景观破碎化及低破碎化地区均有出现，建议国家和区域规划者在进行未来道路建设和规划时考虑现有土地分区（Li et al.，2010）。2011 年欧洲环境署（EEA）发布了基于有效粒度尺寸的整个大洲尺度的破碎化评估，帕特吕等（2015）假定罗马尼亚真实的破碎化水平被低估，从而调查这一假设，其选取罗马尼亚南部的喀尔巴阡山为案例，通过计算有效粒度尺寸的研究结果支持 EEA 报告的假设内容，因为研究区域越来越多地受到地方道路对森林破坏和娱乐行为的压力，精准的破碎化研究结果是非常重要的，其研究可以帮助规划师确保道路的发展是可持续并且是可以保护生物多样性的。刘等（2011）研究分析了道路网络扩张与植被动态的相互关系，表明较低水平的道路对植被斑块影响较大，次级道路包括Ⅳ级和Ⅴ级道路对区域破碎化的贡献最大，但是高水平道路在道路影响域内对植被动态的影响最大。此外，道路类型与村庄分布、地形起伏及破碎化有极强的关系，但是地形与植被类型没有直接关系。霍贝克等（2004）认为道路是土地利用景观的重要组成部分，其破坏了栖息地，促进了入侵物种的繁衍传播，改变了水文过程，影响了土地利用的模式，同时认为之前道路对生态系统的研究可能低估了道路的影响，其比较了不同比例尺（1∶100000、1∶24000 和 1∶40000）下道路密度和土地利用景观格局之间的差异。不同比例尺下道路密度存在显著差异，当所有道路都用来定义斑块边界，使用正射影像数据计算的景观指数比线性和栅格图像显示出更高程度的破碎化水平。建议在未来研究中，要对道路数据的完整性进行特别的考虑，例如应该包含所有生态相关的道路。苏等（Su et al.，2014）比较了苕溪流域 1994—2005 年不同交通运输线路类型及其组合对景观多样性影响。使用缓冲区分析和曼肯德尔检验方法分析距离交通运输线路的距离（铁路、高速公路、国道和省道）和景观多样性指数的相互关系，研究结果表明，交通运输线路对景观多样性具有显著影响，铁路、高速公路和国道的影响相当，比省道的影响显著，铁路和国道的空间影响范围比高速公路和省道要广。道路的联合影响效应是非线性的，不同道路类型的结合比单一类型影响要复杂。此外，在道路缓冲区尺度，景观多样性也可以用来表征景观破碎化、连接度和隔离度。研究展示了一种适用的定量描述交通线路对景观模式影响的有效方法。麦格雷尔等（2001）在北美南部的洛基山脉地区，调查了自 1950 年第一次木材砍伐以来由于道路和伐木导致的景观结构变化，总体上道路对景观结构的影响大于伐木，评估范围和时间间隔对景观的变化监测和分析是非常重要的，具体来说，对景观影响的累积效应在十年内是可以忽略的，但是在四十年内会非常明显。同时也存在尺度问题，在 228000 公顷的尺度上，景观结构变化不明显，但是在 1000—10000 公顷的尺度上，景观结构的变化会非常明显。

在中国，交通基础设施建设对西部高原或岭谷生态脆弱带及生态敏感区的景观格局造成巨大影响，成为景观格局研究的重要区域。张镱锂等（2002）对青藏公路的研究表明，在公路缓冲带地区的林地、未利用土地及水域显著增多，耕地面积大量减少，建设用地增加十分迅速，公路建设的辐射和聚集作用呈"点"状分布。陈辉等（2003）对青藏公路和铁路建设对沿线生态系统的影响进行了分析，发现道路建设对生态系统产生明显且直接的切割作用。张慧等（2004）对青藏铁路修建前后景观格局变化的研究表明，铁路建设对沿线小范围的景观格局产生较大影响，对较大范围的景观格局影响较小。段禾祥等（2008）对大理至丽江高速公路建设前后的景观格局指数进行了计算，从斑块和景观两个层次上进行了分析，研究表明高速公路建设对景观格局的影响非常显著。谢余初等（2013）以甘肃酒泉—嘉峪关市 1986 年、1996 年、

2006 年及 2010 年的 Landsat 影像为数据源，对比分析了近 25 年来酒泉—嘉峪关段国道 312 公路两侧不同缓冲区内景观格局的变化。研究表明 1986 —2010 年公路沿线景观格局变化显著，建设用地增加迅速，未利用地明显减少且主要转化为建设用地，公路辐射作用在不同缓冲区内影响程度存在差异。部分学者研究表明，交通干线对土地利用产生聚集和辐射作用，进而对区域景观格局产生影响。在社会经济条件好的区域影响作用强，其综合土地利用动态度随距离道路的增大而减小（陈浮，陈刚等，2001；朱会义，何书金等，2001）。此外，李双成等（2004）研究了不同级别公路对生态系统影响的差异性，结果表明等外公路对生态系统的影响面积最大。

我国大尺度上的研究表明，道路建设对生态流产生干扰，导致土地利用破碎化程度不断加剧。李太安（2010）、沈毅等（2010）对全国尺度生态破碎程度和空间分布格局进行的量化研究表明，中国由主要陆路交通运输系统和城市所导致的破碎化有着显著的空间分布格局，破碎化较轻的是广大西部地区，东部和南部地区破碎化最为严重，通过量化发现这种全国尺度上的趋势在以省为单位的评估中显现出了五个明显的阶梯层次。刘佳妮等（2008）研究了道路网络理论在景观破碎化效应中的运用，表明国道、省道侵占的森林面积较大，高速公路极大地影响了生物多样性的保护，导致森林景观斑块的严重破碎和降级。诸多研究把道路作为一个重要影响因素并对其造成的景观破碎化进行了分析，表明道路在各种影响因素中处于重要地位，其作用明显高于其他影响因素。刘世梁等（2014）使用地理加权回归模型，选取距道路远近等作为解释变量的研究表明：大坝修建后 4 种解释变量与有效粒度尺寸呈现较显著的正相关性；与线性回归模型相比，地理加权回归模型的拟合效果显著提高；1974 —1988 年，有效粒度尺寸对各影响因子最敏感的区域呈现显著的时空变化，这为确定水电站建设及其他因素对景观破碎化影响的大小，进一步改善库区景观破碎化的现状提供了依据。唐利等（2016）使用景观格局指数与逻辑特回归分析法对 1994 —2014 年森林景观格局动态特征及其影响因素进行了分析，旨在丰富人们对社区水平森林景观格局动态的理解和认识，为森林景观恢复和可持续经营策略的制定提供科学依据。

1.3.2.5 道路的网络特征对景观格局的影响

道路网络通过改变土地利用现状来对生态系统和景观格局产生影响，主要通过景观指数的变化来衡量，GIS 及 RS 技术的发展为历史数据获取及模型方法的构建提供了条件，使得相关研究不断涌现。萨乌拉（Saura，2013）以西班牙北部的巴斯克自治区为研究对象，运用栖息地网络理论评估了高速公路对景观连通性的影响。同时，研究证明土地利用变化显著影响全球生态系统（Polasky et al.，2011），由于土地利用变化导致的生态系统服务功能改变可以通过设定每种土地利用类型的生态系统服务价值来量化（Li et al.，2010；Liu et al.，2012），或者通过应用模型研究生态系统服务功能改变的程度（Ooba et al.，2010）。

道路密度成为道路对景观格局影响的主要表征指标，道路密度对土地利用的影响在不同土地利用类型下存在差异。为定量评价道路网络的生态效应提供了可行性，霍贝克等（2005）对美国威斯康星州地区土地利用类型与道路密度的关系进行了研究，发现在不同土地利用类型区，其道路密度对于景观格局的影响程度存在较大的差异。弗雷塔斯等（2010）研究了巴西大西洋森林地区道路密度、土地利用等对森林破碎化、砍伐及再生长的影响，研究表明森林再生主要受土地利用情况的影响，破碎化主要受地形、土地利用情况及道路密度的影响。罗等（2016）使用有效粒度尺寸研究了破碎化程度和地区经济社会发展的关系，用来探讨城市化和工业化等经济社会过程的景观变化的影响。研究表明，三个方面的增长（工业、农业和服务业）可以加快景观破碎化过程，来自工业和服务业的影响成为中国景观破碎化的主要因素，同时城市化对土地利用的影响并不总是负面的。

影响研究主要集中在森林景观及山村地区。付等（2010）使用 RV

指数分析了道路网络对景观格局的扰动影响，对基于 RV 指数的不同道路网络扰动级别下的森林、草地、农田、城市等斑块的变化进行了验证。结果表明：森林和耕地的面积和数量在高干扰水平的地区降低，在低干扰水平地区升高；城市用地面积在高干扰水平地区增加，随着时间扰动程度呈现对数分布规律。埃克和科班（Eker and Coban，2010）认为，森林道路对景观格局有着诸多的影响，比如自然、社会经济及生态影响，研究表明森林道路网络通过 PI 值改变斑块形状的空间模式，道路网络增加了斑块数量、减少了平均斑块面积，证明了道路网络对森林景观的空间结构影响是有效的。蔡等（Cai et al.，2013）使用核密度方法（KDE）评估道路密度对景观破碎化影响的时空模式，表明道路密度是一个有用的指标，并且与道路的几个生态影响作用相关。研究结果表明，使用 KDE 评估道路密度能够阐明地区道路网络的空间模式，拥有高密度的地区是由高比例的建设用地景观和低比例的森林组成。此外，斯皮尔曼等级模型表明道路密度和景观破碎化呈现出显著的正相关性。使用 KDE 评估，可以更有效地预测道路密度模式及道路对景观破碎化的影响的预测可以更有效。桑德斯等（Saunders et al.，2002）的研究表明，道路的发展是美国北部五大湖地区景观破碎化的主要原因，通过原有土地覆盖类型改变创造了边缘栖息地，进而改变了景观结构和功能，最终增加与人类的互动。使用边缘深度（DEI）的评估表明，道路使得斑块密度和斑块数量显著增加、最大斑块指数和平均斑块大小显著降低，在生态层面和土地覆盖类型上改变了斑块变异系数和斑块形状指数。同时道路密度较高的地区并不一定一直是景观结构变化较高的地区，但是道路的破碎化影响无处不在，在不同生态区域的多个森林覆盖类型上显著改变了景观结构。

基于复杂网络理论对景观格局的影响研究主要是在道路网络指数计算的基础上，分析其与不同景观指数的相关性。刘和董（Liu and Dong，2008）认为道路是影响景观格局的决定性因素，以澜沧江流域作为案例的研究表明，道路网络指数如走廊密度等在澜沧江流域县级尺度下存在较大差异。道路密度与公路走廊数量等呈现正相关，1990 年和 2000 年的斑块密度和平均斑块面积与 α 指数等存在显著的正相关，这表明了道路网络扩张导致景观破碎化程度的进一步加强。

在我国相关研究认为，道路作为线状人工设施通常会结成网络，并且连同其他基础设施对生态系统及其生境产生一系列不同尺度的生态效应。道路网络对景观格局的作用主要表现为斑块面积缩小、斑块数量增加，斑块形状趋于不规则，廊道被截断以及斑块彼此隔离，内部生境面积缩小（李双成，许月卿等，2004）。王丽和曾辉（2012）以深圳市为案例研究了道路网络结构特征及其景观生态效应，结果表明道路网络格局特征对景观整体格局影响没有表现出显著的约束性，但对林地表现出生态保护约束、空间排斥和物理分割等方面的综合效应，对建设用地主要表现出空间吸引和环境保护约束等方面的影响。徐丽丽（2015）对盐城市道路网络对景观产生的影响进行了系统分析，通过对景观结构干扰累积指数和生态系统功能偏离累积指数的计算，对不同道路网络对盐城市带来的累积生态影响进行了分析。富伟等（2009）分析了云南省典型地区道路网络对景观格局及景观功能等的影响，结果表明道路网络加剧了区域景观的破碎化程度，道路网络对不同生态过程的迁移路径结构、数目以及分布的影响有所不同。在道路的景观格局转变效应方面，刘世梁等（2006）进行了实证研究，应用生态安全评价方法，以陕北横山县为研究案例的结果表明，在空间分布上道路所造成的生态安全在空间尺度上差异较大，生态安全水平及路网密度具有较高的负相关性。同时，刘世梁等（2007）认为道路建设和路网的扩展影响路网周边生态系统格局、功能及结构，道路建设对区域生态安全的影响也受到了极大关注。从道路建设和道路网络本身的多尺度特征和其所产生的生态效应入手，在分析道路建设对土地利用影响的基础上，研究了道路对区域生态安全的影响，指出道路景观尺度上的生态恢复是区域生态安全格局构建的合适尺度，并对道路工程的景观恢复途径做了进一步的探讨。潘丽娟等（2015）通过 KDE 法确定最优带宽研究重庆市路网格局，使用缓冲区分析方法计算路网对景观破碎化的最大影响范围基础上，进一步计算道路网络叠加前后的景观指数变化率，分析其阈值。蔡雪娇等（2012）以珠江三角洲核心区为案例，采用 KDE 方法探讨了区域道路网格局及其对景观格局的影响，表明 KDE 方法结合道路密度能突破传统方法的局限，为研究提供了一个很好的量化方法。

1.3.2.6　综合可达性对景观格局的影响

（1）景观格局的驱动因素复杂多样。

以景观表征的景观格局驱动因素复杂多样，大量的方法和理论用来探索和解释景观变化（Qasim et al.，2013），勃兰特等（Brandt et al.，1999）对影响因素进行了系统的梳理。安托罗普（Antrop，2004）提供了一个基于过程的驱动力方法，确定了城市化、交通网络、全球化和灾害四个景观格局变化的主要驱动力。作用过程是可以相互关联的，例如一个地区开通新的交通基础设施后会导致土地变化加快，能够吸引新的定居点的发展，进而导致了城市化。皮道和斯沃菲尔德（Primdahl and Swaffield，2010）认为识别出的农业景观变化的主要驱动力是城市化，第二个关键驱动因素是农业生产系统的过程变化。王等（2008）的研究表明在 1990—2000 年的青藏高原地区，社会经济发展和气候变化是农业土地变化最重要的因素。

塞拉等（Serra et al.，2008）通过遥感来识别土地利用变化后，使用多重逻辑特回归模型来识别景观变化最重要的驱动力，考虑的驱动力主要包括平均温度、高程、坡度、土地所有者的年龄和价格等。瑟尼尔斯和兰宾（Serneels and Lambin，2001）分析了景观格局变化的主要因素，集中在结构变量如距道路的远近、土地所有制，然而过程变量如自然演替或土地所有制的变化也发挥着作用。盖尔里奇和齐默尔曼（Gell-rich and Zimmermann，2007）通过空间统计模型分析了区域尺度的农业用地遗弃模式。科宁等（Koning et al.，1998）分析了国家和区域尺度的土地利用模式。

集合过程和结构是处理驱动力的另一种方法，例如，勃兰特等（1999）使用技术、自然环境、社会经济环境、政策和文化作为五个主要的驱动力，展示了农村地区不同的景观变化过程受到这些驱动力的影响程度。其他研究也采用了这些方法进行（Burgi et al.，2004；Schneeberger et al.，2007；Hersperger and Bürgi，2009）。克里斯滕森等（Kristensen et al.，2009）应用类似的分类方法，将影响因素分为经济和市场、交通运输和基础设施、政策和法律、技术和土地改造进行分析。布希（Busch，2006）区分人口、技术、经济、环境、监管和全球化等主要驱动力的影响。盖斯特和兰宾（Geist and Lambin，2004）总结沙漠化潜在的六类驱动力：气候、技术、制度或政策、经济、人口、文化和社会政策因素。

（2）可达性对不同土地利用类型的影响存在差异。

可达性通过改变土地利用规模来影响景观格局，不同土地利用类型存在差异。费尔堡等（2004）认为，可达性是土地利用变化的一个重要影响因素，在农村土地利用变化研究中，可达性经常被简单地描述成距离目的地的远近，以菲律宾东北部森林边缘的乡村地区为研究案例进行不同方法的可达性计算，结果表明可达性与土地利用之间的关系与不同的土地利用类型存在显著关系。在城市增长过程中，可达性的改变成为影响建设用地的重要指标，城市和乡村之间可达性的差异仍然是影响景观变化最重要的因素。安托罗普（2004）认为，城市化是欧洲文明的基本特征之一，城市和城市网络的形成是塑造城市及其周边地区重要的因素，城市和乡村之间可达性的差异仍然是影响景观动态最重要的因素，城市化及其相关的交通基础设施建设造成了城市和农村之间的差异，在欧洲南部和北部，城市化表现出不同的增长速度，城市增长模式在主要城市的乡村、大城市的乡村和遥远的村庄呈现不同的特点。

（3）距离可达性成为景观格局影响的重要表达方式。

距离道路的远近对景观格局的变化产生了显著的影响，除了道路影响域以外，其他地区的景观格局变化特征也会受到道路的影响，且高速公路、国道、省道等不同道路类型的影响程度和方向存在差异。距离可达性对城市扩张的影响成为研究的主要方向。交通基础设施建设对城市发展起到了显著的促进作用，交通运输系统通过改变土地的可达性、提供人和货物的移动通道来影响经济发展水平。交通基础设施被认为是城市增长的主要驱动因素（Bhatta，2010）。随着景观生态学的发展，从景观生态学的视角研究道路建设对城市扩张的影响研究不断出现。GIS和 RS 技术在城市扩张研究中得到了广泛的应用，为道路建设的景观影响研究提供了指导和借鉴。巴塔（Bhatta）2010 年出版的《Analysis of urban growth and sprawl from remote sensing data》一书，系统地介绍了城市增长和扩张研究的发展，对于 GIS、RS 和空间分析技术在城市增长和扩张研究中的应用进行了分析，并对城市增长的评估和分析方法、城市增长的模型构建和预测及城市增长研究的局限性进行了研究，同时对如何使用景观指数表征城市扩张特征进行了说明，对城市扩张的景观生态学研究提供了指导（Bhatta，2010）。道路建设对城市扩张方向和强度产生了直接的影响，阿亚兹丽等（Ayazli et al.，2015）以 1972 年、1987 年、2002 年及 2009 年的数据为基础，以伊斯坦布尔第三大桥为研究案例对交通网络的城市增长影响进行了研究，通过构建城市增长评估模型，对 1972—2009 年和 2009—2030 年的城市增长进行了监测分析，研究结果表明，通过对第一、第二大桥的影响分析及评估，伊斯坦布尔第三大桥将使北部 41% 的生态脆弱森林和 28% 的生态脆弱区在 2030 年转变为城市地区。

城市扩张受到经济发展、社会进步等不同因素的影响，但是其与交通基础设施建设的关系极为紧密。阿尔约菲等（Aljoufie et al.，2013）以沙特阿拉伯吉达市为例，使用 RS 和 GIS 方法定量分析了城市增长和交通基础设施建设的关系，通过构建年均城市扩张指数、道路密度指数等八个城市增长和交通相关指数对城市和交通基础设施的关系进行了研究，结果表明过去的 40 年间吉达市人口快速增长、土地利用快速变化、交通基础设施快速扩张，研究对快速城市化地区的城市增长和交通基础设施的关系提供了指导。张等（2013）通过四个景观指数来描述城市增长的景观格局特征，研究表明了可达性变量对城市景观的显著影响作用，即距离国道和省道的远近影响城市模式的改变，并且城市中心对城市扩张的影响随着城市化不断推进而减弱。阿克马德等（Achmad et al.，2015）的研究表明，2004年海啸之后，班达亚齐的城市发展非常迅速，对其未来的城市可持续发展规划提出了挑战，对潜在的两种社会经济因素（人口密度和距离商业中心区的距离）和五个物理因素（距离开放式绿地、距离历史区域、距离河流、距离高速公路及海岸线的距离）进行识别，研究结果表明，2005—2009年的土地利用变化显著，特别是建成区面积增加了90.8%，社会经济因素对城市发展具有促进作用，物理因素除了距离海岸线的距离外，其他都是呈现消极作用。

距离可达性对农用地占用的研究关注于城市化进程中农用地的占用过程。肖等（2013）使用景观指数识别水稻景观模式的局部变量及其变化，使用四个景观指数来识别城市化过程中水稻景观模式，并使用地理加权回归模型探讨三个城市化相关指数的影响，结果表明通过地理加权回归可以识别水稻景观变化的局部影响，各变量对水稻景观的影响存在显著的地区差异和尺度效应。距离可达性及其他影响因素对景观格局影响的文献如表1-4所示。

表1-4 距离可达性及其他影响因素对景观格局影响文献梳理

类型	影响因素	文献
自然因素	地形	Jenerette et al.，2007；Pijanowski et al.，2009；Tian et al.，2012
	距离河流距离	Fang et al.，2005；Batisani and Yarnal，2009；Luo and Wei，2009

类型	影响因素	文献
社会经济因素	人口	Cheng and Masser, 2003；Qiming and Huiping, 2005；Xiao et al., 2006；Cai et al., 2012
	GDP	Seto and Kaufmann, 2003；Liu et al., 2005；Dewan and Yamaguchi, 2009；Jiang et al., 2013
	距离经济中心距离	Cheng and Masser, 2003；Batisani and Yarnal, 2009；Vermeiren et al., 2012
	距离道路距离	Fang et al., 2005；Gustafson et al., 2005；Braimoh and Onishi, 2007；Batisani and Yarnal, 2009；Luo and Wei, 2009；Poelmans and Van Rompaey, 2009；Müller et al., 2010；Dubovyk et al., 2011；Li et al., 2013
邻域变量	土壤质量	Carrion – Flores and Irwin, 2004；Dutra Aguiar et al., 2007
	周围土地利用	Gustafson et al., 2005；Jiang et al., 2013
策因素	城市规划、土地利用规划等	Fang et al., 2005；Tian et al., 2005；Braimoh and Onishi, 2007；Long et al., 2012

　　我国正处在城市化快速发展时期，交通基础设施不断建设和发展对城市扩张产生了巨大的作用，但由此也产生了一系列的生态问题。成等（2003）认为城市扩张不仅成为可持续发展的热门话题，而且成为 RS和 GIS 研究领域的热点，从 1987 年的土地制度改革开始，中国的城市面临着一次新的增长潮流，伴随着城市扩张以及城市再开发，城市规划师面临着理解复杂的城市增长过程的挑战，不同的城市有不同的表现模式。成（2003）使用空间分析技术对武汉 1993—2000 年城市增长的主要决定因素进行了研究，结合了空间探索性数据分析及空间逻辑特回归的研究表明，最主要的决定因素是道路基础设施和开发区域，同时，城市总体规划在特定的阶段已经丧失了其应有的作用。张等（2013）以杭州湾城市群为例，选取 1994—2003 年、2003—2009 年两个研究时间段，以 4 千米和 7 千米格网作为空间尺度，对 TA、TE、LSI 及 AI 四个景观指数进行变化分析及空间自相关分析，最终选取地形及距离因子，

使用空间误差和空间滞后模型对城市扩张的影响机理进行了分析和比较，结果表明了城市的扩张促进了经济社会发展和人们生活水平的提高，但是带来了一系列的生态问题。不同道路类型对城市扩张的影响程度和方式存在差异，格网化方法及地理探测器等新的研究方法不断应用到城市扩张研究中。李等（2013）以北京市为研究案例，通过建设用地面积和比例变化分析城市扩张受到自然、社会经济及邻近要素影响的重要程度，结果表明社会经济因素是最重要的影响因素，同时自然因素和邻近要素对城市扩张的影响不断降低。鞠等（2016）使用地理探测器方法探讨了不同因素及其组合对北京市城市扩张的影响，通过对不同格网的城市建设用地面积变化及其影响因素的分析表明，4 千米格网是研究的最佳尺度，在这一尺度下，不同影响因素之间相互促进，而且不同因素组合比单个因素对城市扩张的促进作用更强，研究提供了探讨不同影响因素之前交互作用的新视角。

（4）城乡梯度分析成为重要的研究方法。

城乡梯度分析在城市——乡村梯度和距离道路远近这两个维度上进行影响研究，能够很好地显示景观格局在空间上的分布规律及城市、郊区和乡村的分布差异，已经广泛且成熟地应用到土地利用及景观研究中。城市——乡村梯度方法是由麦克唐奈和皮克特（1990）提出的，该理论已经广泛用来探测沿着城市——乡村梯度上土地利用模式的变化（Luck and Wu，2002；Hahs and McDonnell，2006；Conway and Hackworth，2007）以及其随着时间推移的演化特征（Wu and Hu et al.，2006；Weng，2007）。大部分研究沿着直线的城市——乡村梯度进行变化分析，例如卢克等（2002）使用移动窗口法计算了美国亚利桑那州凤凰城大都会地区沿着一条长 165 公里，宽 15 公里的城乡梯度上的若干景观指数，结果表明使用景观指数与城乡梯度分析方法可以很好地对城市化的空间格局特征进行描述，城市化的中心可以被准确的识别，不同的土地利用类型表现出独特但不一定是唯一的特征，这主要与特定的景观指数有关，沿着城乡梯度的景观格局研究具有重要的生态应用意义。翁（Weng，2007）为了研究景观格局的时间动态变化问题，使用城乡梯度分析和时间趋势分析方法，以一条 60 千米长的穿过麦迪逊的城乡梯度作为研究城市——农村——城市土地利用模式变化的基础，使用 PLAND、SHEI、PD 及 MPS 四个景观指数进行分析，结果表明在城乡梯度上，土地利用多样性和破碎化程度与城市化程度是高度正相关的。哈斯和麦克唐奈（Hahs and McDonnell，2006）认为，城乡梯度的使用已经被证明是研究城市化地区生态模式变化和发展过程的十分有效的工具，确定了一套应用于澳大利亚墨尔本城乡梯度研究的方法，该方法使用了包括人口统计变量，物理变量和景观指数等 17 个常用的变量，研究提供了一种选择城市化量化指标的方法。

城乡梯度分析方法可以在整合历史数据的基础上对城市动态演变特征进行分析。达格玛等（2010）使用 1870 — 2006 年的土地利用数据，研究了第二次世界大战之后经历剧烈变化的德国莱比锡城的城乡梯度上的土地利用/覆盖变化，结果表明城市化表现出强烈的非线性过程，在城市——乡村梯度上表现出了明显的建设用地面积减少特征，城乡梯度方法成为整合历史数据进行土地利用变化评估的有效方法，同时也可以分析城市增长和衰退阶段（Dagmar and Henning，2010）。城乡梯度分析通过计算景观指数作为评估的指标，但是指标之间的相关性成为研究亟须解决的问题，景观指数很容易在大的区域进行计算分析，因此被广泛的应用。然而，这也引发了一系列问题：许多指标具有高度相关性和尺度依赖性，而且对许多指标理解程度不足，导致了对结果解释的不完善（Li and Wu，2004）。里特尔氏等（Riitters et al.，1995）使用因素分析法，柯舍姆等（Cushman et al.，2008）使用主成分分析和聚类分析法来确定景观结构的独立成分，并将它们分组以解决这一问题。许多研究试图提出一些核心指标（Leitão and Ahern，2002），主要集中在生物多样性评估（Oja et al.，2005；Schindler et al.，2008）以及流域分析中（Cifaldi et al.，2004）。

以道路作为城乡梯度研究土地利用的影响效应，在快速城市化背景下的城乡差异研究中存在明显的优势，其可以系统分析在城市——郊区——农村不同区域及道路两侧的景观指数变化差异。汉迪（2005）认为，城市扩张受到道路影响，但是其关系的强度是存在差异的。赖默斯等（Reimets et al.，2015）通过使用沿着城市附近主要道路的空间梯度，选取从爱沙尼亚首都塔林向外的三条主要道路计算景观梯度指标，定量化研究道路对爱沙尼亚郊区化过程的影响。结果表明，景观破碎化随着距道路距离的增加而降低，建筑物在距离道路 100—500 米的范围内数量最多，距离城市远近引起的破碎化要小于距离道路远近引起的破碎化程度，形成的主要原因是苏维埃之后进行了土地改革和城市规划原则的修订，郊区城市化过程在道路两侧表现出非对称性。

在我国，空间梯度分析主要集中在城市研究的景观格局分析中，研究通过选取城乡梯度样带，使用移动窗格法计算城乡梯度带上的景观格局动态变化。张玲玲等（2014）以岷江干旱河谷为研究区，基于 GIS 技术和移动窗口法对景观格局梯度变化进行分析，根据研究区的形状特征，分别沿干流和支流设置四条样带，选取景观水平的景观指数，利用 Fragstats 软件分别采取标准法和移动窗口法获得不同尺度下的景观指数值，综合利用景观指数粒度效应分析等确定研究区景观格局梯度分析的移动窗口尺寸，结果表明四条样带上各景观格局指数均随景观类型变化表现出不同幅度的波动特征，梯度特征明显。俞龙生等（2011）以广州市番禺区为研究案例，采用梯度分析与景观指数结合的方法，研究经济发达地区景观格局的梯度变化，研究结果表明景观格局特征在缓冲带上具有典型的城乡融合区特征。朱等（2006）量测了道路廊道对城市——乡村梯度上景观指数值的影响，发现景观斑块密度与道路覆盖率呈现显著的相关性，高空间分辨率的数据对分析城市模式更有用。谢余初等（2013）基于 RS 与 GIS 技术，结合景观指数与梯度分析，对比分析了酒泉市肃州区城市景观格局梯度动态变化及其特征，研究结果表明，1996—2010 年肃州区各道路扩展轴沿线景观格局变化显著，建设用地和城市绿地增加迅速，未利用地、灌丛草地和耕地等明显减少。黄宁等（2009）选取厦门市同安区为研究对象，使用移动窗口方法，通过计算景观指数对景观格局梯度进行了分析与比较。朱等（2006）认为城市化是土地利用变化的重要驱动力之一，城市景观模式及其变化的定量化研究是监测和评估城市化的生态和社会经济影响的基础，使用移动窗格法计算上海沿着 51×9 平方千米的城乡梯度上的景观指数，结果表明，当道路廊道与城市斑块合并时城市景观模式会产生显著变化，斑块密度的变化与粒度大小改变有关，作为线性的土地利用类型，与其他土地利用类型相比，道路廊道表现出不同的空间特征，并且随着粒度大小的增加表现出鲜明的变化。城乡梯度上交通基础设施与土地利用变化之间存在着因果关系，但是不同线性交通基础设施的影响存在差异。张等（2013）以典型的城乡边缘区南京市栖霞区为例量化城乡边缘区交通基础设施对土地利用的影响，使用 2000 年和 2008 年的土地利用数据，研究了三条主要交通动脉上土地利用变化的模式和特征，主要对铁路、高速公路和一般公路周边土地利用模式的梯度进行分析，研究表明，建设用地通常倾向于靠近主要交通动脉，铁路对城乡接合部地区的土地利用变化影响最为显著，一般公路的影响不显著，表明在城乡接合部地区，交通动脉与土地利用变化之间存在着因果关系，但是不同线性交通基础设施的影响存在差异。

（5）出行成本、时间成本等综合可达性对土地利用的影响研究开始出现。

可达性是土地利用变化的基础，综合可达性对土地利用的影响除了考虑距离变量外，对出行成本、出行时间等可达性指标也进行了充分的考虑。罗等（2016）研究表明道路的建设是景观变化的先驱，并且探讨了景观变化研究的新的领域：跨越行政界线和沿着梯度的景观变化研究；景观变化和持续性；景观动态变化；变化速度等方面。21 世纪初，随着 RS 及 GIS 技术的广泛应用，数据可获取性增强，可达性对土地利用规模及格局的影响研究逐渐增多。卡斯特拉等（2005）从乡村可达性的角度入手，研究了可达性对山区土地利用及乡村经济社会发展的影响，研究表明了村庄位置与公路网络和土地利用系统的性质有极强的相关性，这与其贫困程度及发展潜力相关。同时，研究表明尽管道路网络有所改善，但许多偏远地区却没有从交通发展中受益。随着山村地区新道路的开通，土地利用变化和地区农业发展的机会更多地取决于村庄是否接近市场、健康站和学校。斯坦尼洛夫（Stanilov，2003）通过对西雅图郊区过去 30 年来土地使用情况的分析，探讨土地利用与可达性之间的关系，相对可达性用于调查郊区增长模式的变化与都市中心商业区的距离，而整体可达性反映了土地利用分布格局与区域交通网络模式的关系，研究通过探索土地利用和可达性之间的关联，通过实证案例追踪西雅图郊区过去三十年动态关系的空间模式。

相关研究重点关注于森林地区、农村地区及山区等。埃特尔和波特霍夫（Eiter and Potthoff，2016）探讨了山区可达性对土地利用及景观格局的影响，研究了挪威西部山区在过去 40—60 年的可达性变化及其驱动力，结果表明 75% 的季节性农场由于持续的使用和维修工作，或者由于道路改造使得可达性有所提高。道路建设和季节性农场遗弃的驱动力是经济社会因素、政策及技术因素。在山区土地利用开发中，可达性的变化被认为是土地利用和景观格局变化最重要的影响因素。纳根德拉等（Nagendra et al.，2003）研究了土地覆盖变化和景观破碎度与相对高度和距道路距离的关系，在 1987—1991 年的结果跟预期的趋势相同，高可达性地区森林砍伐和破碎化程度更强，1991—1996 年这一趋势逆转，在远离公路、海拔更高的地区发现了更多的森林砍伐。利斯科夫斯基等（Lieskovsky et al.，2017）以农业地区的景观发展为切入点，通过计算可达性（利用成本距离方法将地形和土地覆被类型作为屏障因素计算可达性），探讨了三个不同历史阶段可达性对聚落的影响。从史前到中世纪的第一阶段文化，可达性对居住地的影响开始出现，历史定居点影响的解释变量包括坡度、河流可达性及 500 米内宜农的土壤；在社会主义集体化农业的第二阶段，小规模的农业景观转变为大的适合农业产业的景观，位于陡峭的斜坡、更接近居民点的农田在集体农业中更容易保存；在后社会主义时期的第三阶段，可达性是传统农业景观遗弃的重要影响因素，位于低可达性地区的传统农业景观更容易被遗弃。

经济发达的城市群地区的综合研究，尤其是长时间序列研究较少。布林克曼等（2012）结合区域特征研究了城市群地区可达性对区域内不同类型土地利用的影响，根据撒哈拉以南非洲的实际情况，选取马里、布基纳法索、尼日利亚、尼日尔（Mali、Burkinaaso、Nigeria、Niger）四个国家作为研究对象，分析其土地利用变化和转移过程，土地利用转移过程关注森林（森林砍伐）、农业用地（作物的种植规模）、建设用地（城市扩张）及废弃地（土地废弃情况），通过距离道路的欧式距离分级后计算可达性级别，大于 5 千米被认为不可达，最终分析了可达性与不同土地利用类型的相互关系。该研究第一次对西非城市及其周边农业生态系统基础设施建设驱动的土地利用变化及其城市化过程、农作物扩张、废弃地和森林砍伐过程进行了分析，表明可达性对土地利用转换过程具有显著影响，由此导致的土地利用变化还受到人口增长和气候变化的影响。

1.3.2.7 案例区相关研究进展

本研究以珠江三角洲城市群作为案例进行详细分析，因此对珠江三角洲城市群的相关研究进行梳理。珠江三角洲的相关研究主要集中在道路建设对生态效应及景观破碎化的影响上，研究表明珠三角道路密度与景观指数表征的土地利用破碎化之间存在较强的相关性，公路建设极大促进了沿线区域建设用地的增加。蔡雪娇等（2012）以珠江三角洲核心区为案例，采用核密度分析结合道路密度指数方法，探讨了区域路网格局及其对破碎化的影响。结果表明道路密度与破碎化之间存在较强的相关性，并根据 1995 年及 2005 年土地利用数据对广珠高速公路及广深高速公路的研究结果表明，公路建成后，道路沿线耕地大量流失且迅速向建设用地转化、建设用地面积增加迅速、土地利用破碎化加剧，公路对自然景观的影响效应远大于其对人工景观的影响。

道路交通发展相关研究主要集中在交通运输体系的演变、交通网络特征及动态变化、可达性空间格局演化等方面。在珠三角交通运输网络研究方面，有学者从动态和静态角度系统分析了珠三角地区交通运输网络特征（曹小曙，阎小培，2002；曹小曙，阎小培，2003；曹小曙，马林兵等，2007；李沛权，曹小曙，2011）。梅志雄等（2014）基于1990年等三期公路网络数据，选择空间距离等3个指标并在此基础上构建综合评价指标，探讨1990—2009年珠江三角洲公路网可达性空间格局及其演化规律，评价结果表明可达性呈现以广佛为中心的圈层结构，东西向明显快于南北向的可达性递减态势，区域内节点县域可达性等级差异趋于缩小、整体可达性显著提高。珠三角交通与土地利用相互关系研究表明，道路对沿线土地利用产生显著影响。曹小曙等（2007）研究了珠江三角洲交通与土地利用的空间关系，表明交通干线是区域土地利用变化的一个重要影响因素。蒋洁菲等（2014）从轨道交通土地合理利用的角度出发，对广州轨道交通周边土地综合利用模式进行研究，实现轨道交通与沿线开发经济平衡及轨道交通项目的可持续发展。

珠江三角洲城市群景观格局研究主要通过景观指数的计算来分析景观格局特征及演变规律，研究表明珠江三角洲景观格局受人类活动影响较大，且城市面积不断增大。张筱林等（2010）通过景观指数的计算，定量分析珠三角东缘低山丘陵区景观格局特征及其成因，表现出惠城区景观格局连通性较强，多样性和均匀度较高等特征。高杨等（2008）以2000年珠三角土地利用现状数据为基础，选取景观格局指数定量分析景观格局特征，结果表明珠三角景观类型受人为活动影响很大，且存在城市化水平越高影响越大的特点。郭程轩等（2009）以佛山市顺德区为例，探讨了珠三角基塘湿地景观的梯度变化。濑户和路特奇（Seto and Fragkias，2005）通过比较珠三角四个城市广东、深圳、东莞及中山的土地利用变化特征，对城市土地利用时空动态进行了量化研究。范等（2009）提供了一个时间序列的广州城市扩张过程，并且分析从1979—2003年的时空变化模式，研究内容主要包括城市扩张的面积和速度、城市扩张的方向、交通对城市扩张的影响、城市扩张模式等部分，研究表明：时间上，城市面积不断增加；空间上，广州在不同方向上表现出不同的特征；交通在城市扩张中起到了重要的作用，但是不同道路类型的影响是不同的；广州的城市扩张逐渐的从紧凑模式到跳跃模式再到无序模式。同时，诸多学者以珠江三角洲典型区域广州、深圳等进行道路对土地利用的影响研究，结果表明不同城市的影响特征各不相同。王丽等（2012）的研究表明，深圳市的道路网络格局特征对不同土地利用类型表现出差异性。田和吴（Tian and Wu，2015）以广州和菲尼克斯作为研究对象，通过考虑道路和河流的影响，研究广州和菲尼克斯的城市化异同。选取穿过市中心的直线作为梯度进行的分析表明，城市和乡村地区的破碎化程度表现出差异性，且在城市边缘区及新增建设用地区域破碎化水平显著提高。于（Yu，2007）结合遥感影像、景观指数和梯度分析方法分析了广州城市扩张的时空动态，结果表明，广州的景观格局指数在城市边缘和新形成的城市地区的破碎化比较严重。通过穿过广州城市中心的两个城市—乡村梯度，对广州市不同区位的城市扩张时空动态特征进行了详细分析研究。

1.3.3 研究述评

通过对已有研究动态及主要研究进展的梳理，已有研究主要集中在以下几个方面：

（1）基于知识图谱的研究表明，虽然作为交通地理学与景观生态学深度交叉的研究方向，相关理论、方法等仍然主要与景观生态学相关，对于最新的交通地理学相关的理论及方法运用还存在欠缺，并且相关文献主要发表在景观类期刊上，交通相关的主流期刊发文量较少。由于《Road Ecology：Science and Solution》的出版，2003 年之后研究成果不断增加，城市化、驱动因素、模型及时空模式等逐渐成为研究的主要内容和方向，中国学者的发文总量和学术影响力不断增加。

（2）交通对土地利用的长时间影响成为重要研究方向，区域尺度的研究往往寻求论证交通对区域土地发展进程的影响，如城市化、区域人口或就业增长。道路交通的众多度量方法被用到，从简单的欧氏距离到复杂的基于重力模型的指标。在区域尺度，土地利用除了受到交通影响外，还受到地形因素、社会经济因素、土地周边情况及政策等因素的影响。

（3）道路建设对土地利用的影响主要集中在道路影响域内，这一区域是道路系统评估的核心，成为土地利用格局效应研究的重点部分。景观指数成为表征土地利用格局的主要指标，由于邻近道路的土地更容易受到道路建设带来的自然、经济和社会作用，其对周边地区土地利用破碎化及孤立作用更加强烈，导致了周边地区的土地利用规模和格局的变化强度远大外围地区。

（4）基于不同视角和研究区特性的研究中，建设用地、森林、农用地等成为主要研究对象。城市化地区土地利用影响成为研究的主要方向，主要集中在建设用地上，是以距离可达性进行的度量分析。格网化方法及地理探测器等新的研究方法不断应用到城市扩张研究中。同时，在城市内部，不同城市用地的子类型对于道路影响的敏感程度存在着较大的差异，没有出现统一的关系模式，但是城市土地结构表现出土地利用覆盖→景观→区域的层次结构。农村、森林地区土地利用格局和过程的影响主要集中在农用地、森林等用地类型。研究重点关注于森林地区、农村地区及山区等，探讨可达性变化对这些地区景观及经济发展的影响，同时注重不同历史阶段的分析研究。

（5）农村道路、铁路、公路等不同道路类型对土地利用的影响程度和过程存在差异，但其影响是显著存在的。道路建设的破碎化影响主要通过不同类型的路网叠加土地利用现状图进行景观指数的计算，不同类型道路的叠加将会产生不同的累积效应，主要通过有效粒度尺寸进行评估。道路的网络特征成为道路交通对土地利用和景观格局影响常用的表征指标，主要通过建立道路网络特征指数和景观指数的量化关系来衡量。道路密度、核密度分析方法及复杂网络理论成为道路网络特征的主要表征方法。

（6）区域整体视角的土地利用格局、过程和影响程度研究尚不完善。综合可达性对土地利用的影响除了考虑距离变量外，对出行成本、出行时间等指标也进行了充分的考虑。经济发达地区城市群的研究主要集中在道路交通对城市扩张的影响上，研究城市群其他土地利用类型，如森林、农用地等的研究较少，将不同土地利用类型作为一个整体研究其破碎化等特征的研究也整体较少，同时长时间序列研究缺乏。

中国幅员辽阔，自然及经济社会发展的区域差异极其明显，随着交通基础设施建设的不断推进，其对土地利用的影响将持续并不断强化。

第2章

研 究 设 计

2.1 研究问题

（1）经济发达城市群地区道路交通网络与土地利用演化的特征。

在经济发达的城市群地区，由于区位及政策等优势，交通网络不断演化和发展，交通网络演化导致可达性空间格局发生改变，同时土地利用的演化也具有其特殊性，因此，本研究的问题之一是经济发达城市群地区道路交通网络与土地利用演化有何特征。

（2）经济发达城市群地区道路交通网络对土地利用规模和格局产生的影响。

经济发达的城市群地区，其交通发展及土地利用演化过程不同于其他地区而有其自身的特点，由于其发展的特殊性，导致城市群地区道路交通网络对土地利用规模和格局的影响也有其自身特殊性，尤其是在建设用地迅速扩张成为城市群地区最显著的特征这一背景下，如何识别道路交通网络对城市扩张的影响也变得十分重要。因此，本研究的问题之二是经济发达城市群地区道路交通网络对土地利用规模和格局产生了怎样的影响。

2.2　研究区域选择

　　为了全面地探讨城市群地区道路交通对土地利用的影响，本研究拟选取一个典型城市群进行案例分析，基于不同城市群的发展历史和发展阶段，本研究从京津冀城市群、长江三角洲城市群、珠江三角洲城市群、山东半岛城市群等众多城市群中选择一个典型的城市群进行研究。

　　1978年改革开放以来，珠江三角洲凭借其良好的区位优势迅速成为我国社会经济非常发达的地区，珠江三角洲九市携手港澳打造粤港澳大湾区，是与美国纽约湾区、旧金山湾区和日本东京湾区并肩的世界四大湾区之一，已建成世界级城市群。珠江三角洲城市群根据不同时间、不同地区的发展特点，形成了以东莞、中山为代表的中心镇同步发展模式，及广州和惠州为代表的中心城区重点发展模式及深圳市的全市土地国有化模式等多种土地利用模式，推动了不同地区城镇化的发展。从城市化水平来看，珠江三角洲已经达到了中等发达国家水平，进入了城镇化发展的成熟阶段。因此，本研究选择珠江三角洲作为研究区域来分析城市群地区道路交通对土地利用的影响。

　　根据《珠江三角洲地区改革发展规划纲要（2008 – 2020）》，研究范围确定为广州、深圳、佛山、东莞、中山、珠海、惠州、江门、肇庆9市，截至2015年底，共包含5个县级市、7个县、33个市辖区。总面积为54732.72平方千米，占广东省土地总面积的30.47%，2015年常住人口为5874.27万人，占广东省常住人口的54.15%，地区生产总值62267.78亿元，占广东省地区生产总值的76.62%。本研究中镇街空间单元按照《广东省政区图册》确定，由于通过地图部分镇街的边界难以准确确定，因此本研究以《广东省政区图册》中可以明确确定边界的镇街单元为基础进行研究，研究区行政区划统计如表2－1所示。

表 2 - 1　　　　　　　　　　　研究区统计

城市	区县	镇街
广州市	白云区	黄石街道，嘉禾街道，江高镇，金沙街道，京溪街道，景泰街道，均禾街道，人和镇，三元里街道，石井街道，松洲街道，太和镇，棠景街道，同德街道，同和街道，新市街道，永平街道，钟落潭镇
	从化区	鳌头镇，城郊街道，江埔街道，街口街道，良口镇，吕田镇，太平镇，温泉镇
	番禺区	大岗镇，大龙街道，大石街道，东环街道，东涌镇，化龙镇，榄核镇，洛浦街道，南村镇，桥南街道，沙头街道，沙湾街道，石壁街道，石楼镇，市桥街道，小谷围街道，新造镇，钟村街道
	海珠区	滨江街道，昌岗街道，赤岗街道，凤阳街道，官洲街道，海幢街道，华洲街道，江海街道，江南中街道，龙凤街道，南华西街道，南石头街道，南洲街道，琶洲街道，瑞宝街道，沙园街道，素社街道，新港街道
	花都区	赤坭镇，花城街道，花东镇，花山镇，狮岭镇，炭步镇，梯面镇，新华街道，新雅街道，秀全街道
	黄埔区	大沙街道，东区街道，红山街道，黄埔街道，九龙镇，荔联街道，联和街道，萝岗街道，南岗街道，穗东街道，文冲街道，夏港街道，永和街道，鱼珠街道，长洲街道
	荔湾区	白鹤洞街道，彩虹街道，茶滘街道，昌华街道，冲口街道，东漖街道，东沙街道，多宝街道，逢源街道，海龙街道，花地街道，华林街道，金花街道，岭南街道，龙津街道，南源街道，桥中街道，沙面街道，石围塘街道，西村街道，站前街道，中南街道
	南沙区	横沥镇，黄阁镇，龙穴街道，南沙街道，万顷沙镇，珠江街道
	天河区	车陂街道，凤凰街道，黄村街道，猎德街道，林和街道，龙洞街道，前进街道，沙东街道，沙河街道，石牌街道，棠下街道，天河南街道，天园街道，五山街道，冼村街道，新塘街道，兴华街道，元岗街道，员村街道，长兴街道，珠吉街道
	越秀区	白云街道，北京街道大东街道，大塘街道，大新街道，登峰街道，东风街道，东湖街道，光塔街道，广卫街道，洪桥街道，华乐街道，黄花岗街道，建设街道，矿泉街道，流花街道，六榕街道，梅花村街道，农林街道，人民街道，诗书街道，珠光街道
	增城区	荔城街道，派潭镇，石滩镇，仙村镇，小楼镇，新塘镇，永宁街道，增江街道，正果镇，中新镇，朱村街道

城市	区县	镇街
佛山市	禅城区	南庄镇，石湾镇街道，张槎街道，祖庙街道
	高明区	更合镇，荷城街道，明城镇，杨和镇
	南海区	大沥镇，丹灶镇，桂城街道，九江镇，里水镇，狮山镇，西樵镇
	三水区	白坭镇，大塘镇，乐平镇，芦苞镇，南山镇，西南街道，云东海街道
	顺德区	北滘镇，陈村镇，大良街道，均安镇，乐从镇，勒流街道，龙江镇，伦教街道，容桂街道，杏坛镇
东莞市	—	茶山镇，常平镇，大朗镇，大岭山镇，道滘镇，东城街道，东坑镇，凤岗镇，高埗镇，莞城街道，横沥镇，洪梅镇，厚街镇，虎门镇，黄江镇，寮步镇，麻涌镇，南城街道，企石镇，桥头镇，清溪镇，沙田镇，石碣镇，石龙镇，石排镇，塘厦镇，万江街道，望牛墩镇，谢岗镇，樟木头镇，长安镇，中堂镇
深圳市	宝安区	大浪街道，福永街道，公明街道，观澜街道，光明街道，华龙街道，民治街道，沙井街道，石岩街道，松岗街道，西乡街道，新安街道
	福田区	福田街道，华富街道，莲花街道，梅林街道，南园街道，沙头街道，香蜜湖街道，园岭街道
	龙岗区	坂田街道，布吉街道，大鹏街道，横岗街道，坑梓街道，葵涌街道，龙城街道，龙岗街道，南澳街道，南湾街道，平湖街道，坪地街道，坪山街道
	罗湖区	翠竹街道，东湖街道，东门街道，东晓街道，桂园街道，黄贝街道，莲塘街道，南湖街道，清水河街道，笋岗街道
	南山区	南山街道，南头街道，沙河街道，蛇口街道，桃源街道，西丽街道，粤海街道，招商街道
	盐田区	海山街道，梅沙街道，沙头角街道，盐田街道
中山市	—	板芙镇，大涌镇，东凤镇，东区街道，东升镇，阜沙镇，港口镇，古镇镇，横栏镇，黄圃镇，民众镇，南朗镇，南区街道，南头镇，三角镇，三乡镇，沙溪镇，神湾镇，石岐区街道，坦洲镇，五桂山街道，西区街道，小榄镇，中山港街道
珠海市	斗门区	白蕉镇，白藤街道，斗门镇，井岸镇，莲洲镇，乾务镇
	金湾区	红旗镇，南水镇，平沙镇，三灶镇
	香洲区	翠香街道，拱北街道，横琴镇，吉大街道，梅华街道，南屏镇，前山街道，狮山街道，唐家湾镇，湾仔街道，香湾街道

续表

城市	区县	镇街
惠州市	博罗县	柏塘镇，福田镇，公庄镇，观音阁镇，横河镇，湖镇镇，龙华镇，龙溪镇，罗阳镇，麻陂镇，石坝镇，石湾镇，泰美镇，杨村镇，杨侨镇，园洲镇，长宁镇
	惠城区	陈江街道，河南岸街道，横沥镇，惠环街道，江北街道，江南街道，沥林镇，龙丰街道，芦洲镇，马安镇，桥东街道，桥西街道，汝湖镇，三栋镇，水口街道，潼湖镇，潼侨镇，小金口街道
	惠东县	安墩镇，白花镇，白盆珠镇，宝口镇，大岭镇，多祝镇，高潭镇，黄埠镇，吉隆镇，梁化镇，平海镇，平山街道，稔山镇，铁涌镇
	惠阳区	澳头街道，淡水街道，良井镇，平潭镇，秋长街道，三和街道，沙田镇，西区街道（惠阳区），霞涌街道，新墟镇，永湖镇，镇隆镇
	龙门县	地派镇，蓝田瑶族乡，龙城街道，龙华镇，龙江镇，龙潭镇，龙田镇，麻榨镇，平陵镇，永汉镇
江门市	恩平市	大槐镇，大田镇，东成镇，恩城街道，横陂镇，君堂镇，良西镇，那吉镇，牛江镇，沙湖镇，圣堂镇
	鹤山市	共和镇，古劳镇，鹤城镇，龙口镇，沙坪街道，双合镇，桃源镇，雅瑶镇，宅梧镇，址山镇
	江海区	江南街道，礼乐街道，外海街道
	开平市	百合镇，苍城镇，赤坎镇，赤水镇，大沙镇，金鸡镇，龙胜镇，马冈镇，三埠街道，沙塘镇，水口镇，塘口镇，蚬冈镇，月山镇，长沙街道
	蓬江区	白沙街道，潮连街道，杜阮镇，荷塘镇，环市街道，棠下镇
	台山市	白沙镇，北陡镇，赤溪镇，冲蒌镇，川岛镇，大江镇，都斛镇，斗山镇，端芬镇，广海镇，海宴镇，三合镇，深井镇，水步镇，四九镇，台城街道，汶村镇
	新会区	大鳌镇，大泽镇，古井镇，会城街道，罗坑镇，睦洲镇，三江镇，沙堆镇，双水镇，司前镇，崖门镇
肇庆市	德庆县	播植镇，德城街道，凤村镇，高良镇，官圩镇，回龙镇，九市镇，马圩镇，莫村镇，武垄镇，新圩镇，永丰镇，悦城镇
	鼎湖区	凤凰镇，广利街道，桂城街道，坑口街道，莲花镇，沙浦镇，永安镇
	端州区	北岭山林场，端州城区，黄岗镇，睦岗街道

城市	区县	镇街
肇庆市	封开县	白垢镇，大玉口镇，大洲镇，都平镇，河儿口镇，江川镇，江口镇，金装镇，莲都镇，罗董镇，南丰镇，平凤镇，杏花镇，渔涝镇，长安镇，长岗镇
	高要区	白土镇，白诸镇，大湾镇，河台镇，回龙镇，活道镇，蛟塘镇，金渡镇，金利镇，乐城镇，莲塘镇，禄步镇，南岸街道，水南镇，蚬岗镇，小湘镇，新桥镇
	广宁县	北市镇，宾亨镇，赤坑镇，古水镇，横山镇，江屯镇，坑口镇，螺岗镇，木格镇，南街镇，排沙镇，石咀镇，潭布镇，五和镇，洲仔镇
	怀集县	坳仔镇，大岗镇，凤岗镇，甘洒镇，岗坪镇，怀城镇，蓝钟镇，冷坑镇，连麦镇，梁村镇，马宁镇，洽水镇，桥头镇，诗洞镇，汶朗镇，下帅壮族瑶族乡，永固镇，闸岗镇，中洲镇
	四会市	城中街道，大沙镇，地豆镇，东城街道，黄田镇，江谷镇，迳口镇，龙甫镇，罗源镇，石狗镇，威整镇，下茆镇，贞山街道

2.3 研 究 数 据

2.3.1 土地利用/覆盖数据

本研究使用的 1980 年、1990 年、2000 年、2010 年及 2015 年五个年份的土地利用/覆盖数据均来自 Landsat 数据的解译。

2.3.1.1 遥感数据获取

遥感影像数据主要采用 Landsat 卫星遥感数据，因为研究时间跨度较大，因此研究数据主要包括 Landsat MSS、Landsat TM、Landsat ETM +及 Landsat OLI 数据，其主要来源为美国地质勘探局。

（1）Landsat 数据说明。

美国陆地资源卫星 Landsat 系列自 1972 年发射 Landsat - 1 以来，已为全球环境监测提供 40 余年的遥感数据。其中的 Landsat - 1，2，3 携带有 RBV 和 MSS 传感器，Landsat - 4，5 携带了 MSS 和 TM 传感器，Landsat - 7 携带 TM、ETM + 传感器，Landsat - 8 携带 OLI 和 TIRS 传感器。截至目前，Landsat - 5、7、8 仍在轨运行，扫描宽度 185km，重访周期为 16 天，不间断地提供地球表面遥感数据。不同传感器参数如表 2 - 2 到表 2 - 5 所示。

表 2 - 2　　　　　　　　　　MSS 传感器参数

Landsat - 1 — 3	Landsat - 4 — 5	波长范围（μm）	分辨率（米）
MSS - 4	MSS - 1	0.5 — 0.6	78
MSS - 5	MSS - 2	0.6 — 0.7	78
MSS - 6	MSS - 3	0.7 — 0.8	78
MSS - 7	MSS - 4	0.8 — 1.1	78

表 2 - 3　　　　　　　　　　TM 传感器参数

波段	波长范围（μm）	分辨率（米）
1	0.45 — 0.52	30
2	0.52 — 0.60	30
3	0.63 — 0.69	30
4	0.76 — 0.90	30
5	1.55 — 1.75	30
6	10.40 — 12.50	120
7	2.08 — 2.35	30

表 2 - 4　　　　　　　　　　　ETM 传感器参数

波段	波长范围（μm）	分辨率（米）
1	0. 450—0. 515	30
2	0. 525—0. 605	30
3	0. 630—0. 690	30
4	0. 775—0. 900	30
5	1. 550—1. 750	30
6	10. 40—12. 50	60
7	2. 090—2. 350	30
8	0. 520—0. 900	15

表 2 - 5　　　　　　　　　　　OIL 传感器参数

Landsat 8	类型	波长范围（μm）	分辨率（米）
Band1	蓝色波段	0. 433—0. 453	30
Band2	蓝绿波段	0. 450—0. 515	30
Band3	绿波段	0. 525—0. 600	30
Band4	红波段	0. 630—0. 680	30
Band5	近红外	0. 845—0. 885	30
Band6	短波红外	1. 560—1. 660	30
Band7	短波红外	2. 100—2. 300	30
Band8	微米全色	0. 500—0. 680	15
Band9	短波红外波段	1. 360—1. 390	30

（2）珠江三角洲 Landsat 数据获取。

基于 Landsat 数据的可获取性及数据质量，初步选取了珠江三角洲
城市群 1980 年、1990 年、2000 年、2010 年及 2015 年五期的数据，由
于数据获取跨度较大，部分数据缺失，对于缺失部分选择邻近年份的质
量较高的数据进行补充。其中 1980 年数据采用 Landsat - 3 TM 数据源，
条带号分别为 131043、131044、132043、132044、132045、131045、

130044 的七景影像；1990 年数据采用 Landsat - 5 TM 数据源，条带号分别为 123043、123044、123045、122043、122044、122045、121044 的七景影像；2000 年数据采用 Landsat - 5 TM 数据源，条带号分别为 123043、123044、123045、122043、122044、122045、121044 的七景影像；2010 年数据采用 Landsat - 5 TM 数据源，条带号分别为 123043、123044、123045、122043、122044、122045、121044 的七景影像；2015 年采用 Landsat - 8 OIL 数据源，条带号分别为 123043、123044、123045、122043、122044、122045、121044 的七景影像，采用 543 波段进行 RGB 彩色合成的部分卫星影像如图 2 - 1 所示。

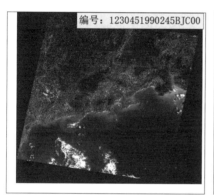

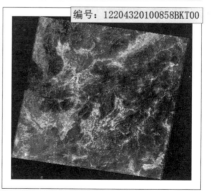

图 2 - 1　部分原始遥感影像示意

2.3.1.2 遥感影像预处理

在 Landsat 影像成像时，由于传感器自身的问题以及传输过程中大气的影响等原因，导致大部分数据需要处理之后才能应用到研究及实践中，在使用之前必须对数据进行预处理。因为研究使用的 L1T 产品已经经过了 DEM 参与的几何精校正，因此只需要进行波段组合、图像镶嵌及裁剪等预处理步骤。

在进行图像判读与解译的时候，往往采用 RGB 进行彩色合成，将红、绿、蓝三个颜色赋给选取的三个波段，经过分析选取 543 波段进行RGB 彩色合成卫星影像图像。同时，珠江三角洲面积较大，需要多景影像进行拼接合并。利用 ENVI 软件实现图像的镶嵌。同时，利用珠江三角洲的行政边界范围矢量图进行裁剪。

2.3.1.3 影像分类

根据珠江三角洲土地利用/覆盖现状的特征，在充分考虑景观类型的综合性及其生态学意义的基础上，对珠江三角洲 1980 年、1990 年、2000 年、2010 年及 2015 年五个年份的遥感影像划分为 6 个大类，即耕地、林地、草地、水域、建设用地及未利用土地，如表 2 - 6 所示。

表 2 - 6　　　　　　　　　　土地利用/覆盖解译类型

解译类型	包含主要地类
耕地	包含旱地、水田、水浇地等
林地	包含天然林地、人工林地、灌木林地等
草地	包含天然草地、人工草地等
水域	包含河流、水库、湖泊和坑塘等
建设用地	包含城乡建设用地、交通用地和其他建设用地
未利用土地	包含沙地、裸地、沼泽、荒草地和其他未利用地

2.3.1.4 遥感影像解译

本研究是通过监督分类对珠江三角洲 1980 年、1990 年、2000 年、2010 年及 2015 年五期影像进行分类解译的。进行监督分类的基础是对遥感影像上不同地类属性有了先验知识,根据样本特征建立模板后进行自动分类。监督分类的精度与分类模板的建立有着直接的关系。本研究在 ENVI5.4 软件中分别建立 1980 年、1990 年、2000 年、2010 年及 2015 年的分类模板,使用 ENVI5.4 全新的图像分类工具对五期的遥感影像进行分类,并且根据运行结果不断地对样本进行改进,进行评价与修改后,进行最终分类,其中 1980 年分类精度为 79.83%、1990 年分类精度为 89.21%、2000 年分类精度为 91.23%、2010 年分类精度为 92.1%、2015 年分类精度为 93.12%。土地利用数据的总体分类精度较高,相关结果的解释及应用具有合理性。最终得到珠江三角洲 1980 年、1990 年、2000 年、2010 年及 2015 年的土地利用/覆盖数据。

2.3.2 道路交通数据

各类道路交通基础设施数据是计算交通可达性等相关指标的基础,由于公路、铁路等对土地利用规模和格局的影响存在差异,且珠江三角洲公路网络发展对土地利用的影响最为显著。因此研究选用公路网络数据进行珠江三角洲道路交通网络演化特征分析。根据资料的可获得性,本文采用五个时间的公路交通网络资料,分别来源于《中国分省公路交通地图册》(地图出版社,1982)、《广东省交通地图册》(广东省地图出版社,1992)、《中国交通营运里程图集》(人民交通出版社,2000)、《广东省交通地图册》(广东省地图出版社,2012)、《广东省交通地图册》(广东省地图出版社,2016)地图的矢量化。为了提高路网精度以保证分析结果的精确性,本文将五个年份研究地域内 9 个地级市域单元的交通底图分别进行扫描、拼接和矢量化。

2.3.3 统计数据

统计数据主要包括相关的统计年鉴、交通年报和普查资料，包括1980 年、1990 年、2000 年 2010 年及 2015 年五个时间的分县市面积、人口、GDP 等数据。数据主要来源于相关年份《中国城市统计年鉴》《广东省县（区）国民经济统计资料：1980 — 1990》《广东统计年鉴》，各县市统计年鉴以及其他相关文献资料。

2.3.4 调研资料

调研资料根据实地调研的数据进行整理，主要对案例区的道路交通发展现状、土地利用现状等进行整体分析，同时对于研究区的经济社会发展等情况进行调研分析。

2.4 研究方法

文献梳理方法：通过对国内外相关研究文献进行梳理，并进行归纳、整理、总结及相关的分析、比较，完成研究综述的内容，了解本领域内已有研究情况，总结理论体系，为开展道路交通对土地利用的影响研究做理论铺垫。

实地调研方法：通过对典型案例区的实地调研，通过实地考察获取第一手资料。针对案例区道路交通运输基础及土地利用的主要特征，调研内容包括案例地土地利用、经济统计数据、交通现状、人口等方面的资料。在开展典型案例区调研过程中，有针对性地进行深度访谈。

空间分析方法：空间分析是基于地理对象位置和形态特征的空间数据分析技术，其目的在于提取和传输空间信息，在本研究中，空间分析方法主要用于对影响因素的研究。

统计分析法：统计分析法指通过对研究对象的规模、速度、范围、程度等数量关系进行的分析研究，本研究主要对统计数据进行分析。

2.5 研究框架与技术路线

第一部分是本书的导入部分，主要包括研究综述和研究设计。第1章主要分析论文的选题背景、选题意义、相关概念界定及国内外相关研究进展及述评，是论文科学问题提出的基础。第2章是研究设计，是在研究综述的基础上提出研究的科学问题，并对研究区域、研究数据及整体的研究框架及技术路线进行描述。

第二部分为道路交通网络与土地利用时空演化分析，由第3章及第4章组成。其中第3章分析了案例区道路交通网络演化特征，第4章研究了案例区土地利用演化特征。

第三部分为案例区道路交通对土地利用规模的影响，由第5章和第6章组成。其中第5章研究了案例区道路交通对土地利用规模的影响，第6章研究了案例区道路交通对景观格局的影响。

第四部分通过人类活动强度来分析道路交通对土地利用表现出的影响特征进行原因分析，主要包括第7章的内容。论文第7章主要包括影响类型区划分方法、划分结果及基于类型区划分结果的原因解析。

第五部分为结论与展望，主要包括第8章的内容。论文第8章主要是在前面分析的基础上得到了主要的研究结论，同时就本研究的不足及未来研究方向进行了展望。本书的技术路线如图2-2所示。

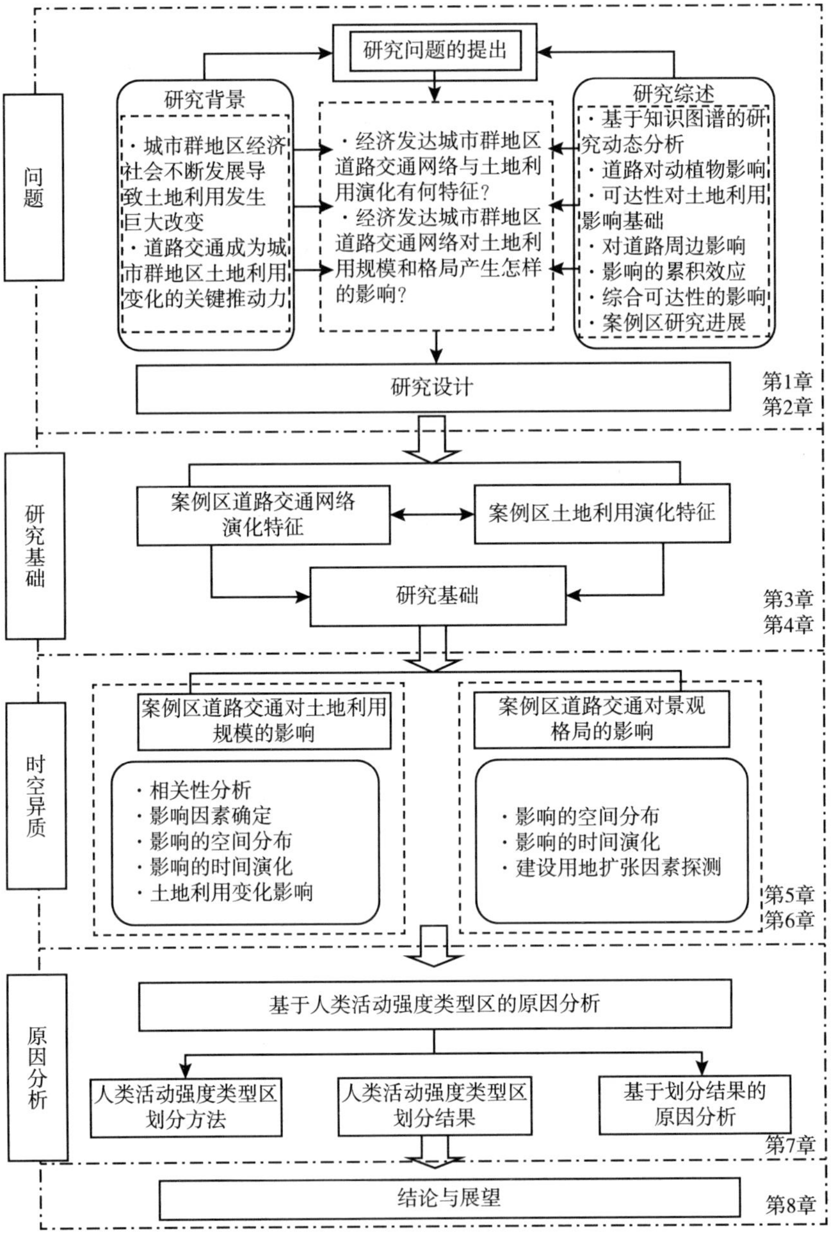
研究问题的提出
研究背景
·城市群地区经济社会不断发展导致土地利用发生巨大改变
·道路交通成为城市群地区土地利用变化的关键推动力
·经济发达城市群地区道路交通网络与土地利用演化有何特征？
·经济发达城市群地区道路交通网络对土地利用规模和格局产生怎样的影响？
研究综述
·基于知识图谱的研究动态分析
·道路对动植物影响
·可达性对土地利用影响基础
·对道路周边影响
·影响的累积效应
·综合可达性的影响
·案例区研究进展
问题
研究设计
第1章
第2章
研究基础
案例区道路交通网络演化特征
案例区土地利用演化特征
研究基础
第3章
第4章
时空异质
案例区道路交通对土地利用规模的影响
·相关性分析
·影响因素确定
·影响的空间分布
·影响的时间演化
·土地利用变化影响
案例区道路交通对景观格局的影响
·影响的空间分布
·影响的时间演化
·建设用地扩张因素探测
第5章
第6章
原因分析
基于人类活动强度类型区的原因分析
人类活动强度类型区划分方法
人类活动强度类型区划分结果
基于划分结果的原因分析
第7章
结论与展望
第8章

图2-2 研究技术路线

第3章

案例区道路交通网络演化特征

公路和铁路等不同交通运输方式对土地利用的影响存在较大的差异，且研究案例区珠江三角洲城市群以公路的影响最为显著，因此本研究中交通网络数据主要来自公路网络，以公路网络为基础进行案例区道路交通网络演化特征研究。

3.1 道路交通网络演化历程

本研究选取了 1980 年、1990 年、2000 年、2010 年及 2015 年五个年份的路网数据进行分析。1980 年以来，珠江三角洲交通设施水平得到了很大提高。1980 年，珠江三角洲公路网络由干线公路和普通公路组成，到 2000 年，珠江三角洲已经基本上形成了以国道、省道、县道为主体的公路网络。2000—2015 年，国道、省道等级提升和高速公路大规模兴建同时进行，公路网络格局发生了很大变化，珠江三角洲区域内主要城市皆由高速公路连通，基本形成了以高速公路为主干的高等级公路网络系统，公路基础设施蓬勃发展。

从通车里程及城市公共交通几个方面进一步对珠江三角洲道路交通发展情况进行分析。通过对珠江三角洲的通车里程进行统计分析可以发现，通车里程处于不断增加的趋势，从 1995 年的 26661 公里增加到 2015 年的 63053 公里，共增加了 36392 公里，通车里程增加速度极快，且以 2005—2010 年增加尤为迅速。进一步分析可以发现，增加的通车里程主要为等级路，等外路的数量基本保持稳定。同时，珠江三角洲城市公共交通有了长足发展，一体化运输加快发展，城乡交通服务更加完善，各市全面开通"公交一卡通"，并与港澳地区互联互通，农村客运基本实现"3 个 100%"（100% 镇级有站场、100% 符合通车条件的行政村通车和 100% 有候车亭）。通过对各市公共交通运营车辆及线路的分析可以发现，广州及深圳的运营车辆及线路远远高于其他城市，肇庆、惠州及江门等城市总体处于较低水平。

3.2 道路交通网络密度演化

交通网络密度是评价区域交通基础设施水平的重要指标，即交通线路长度与所处区域面积的绝对比值，网络密度越大的地区交通条件越好，反之则越差，计算公式如下：

$$D_i = L_i / E_i \quad i \in (1, 2, 3, \cdots, n) \tag{3-1}$$

式（3-1）中：D_i 为 i 单元的交通网络密度，E_i 为 i 单元的面积，L_i 为 i 单元内的公路里程。

通过对珠江三角洲 1980 年、1990 年、2000 年、2010 年及 2015 年五个年份的道路交通数据进行计算，得出各镇街路网密度分布情况。其中 1980 年和 1990 年主要包括干线公路和普通公路，2000 年、2010 年及 2015 年主要包括高速公路、国道、县道及乡道。

1980 年，广州市整体上公路网络密度最高，公路网络密度较高的镇街主要集中在广州、深圳、东莞及佛山，其他城市的城市中心地区较高。这一时期珠江三角洲各镇街公路网络密度的整体特点是虽然存在差异，但是整体差异较小，而且在肇庆、江门及惠州等外围地区存在着较多的公路网络密度较高的镇街。与1980年公路网络密度相比，1990年整体上有所增长，但是增长幅度不大，基本的分布格局与1980年一致，但是此时期江门及惠州的中心城区镇街的公路网络密度有了较大的提升。相较1990年，2000年的公路网络密度有了较大的提升，且此阶段的公路网络密度空间分布差异变得极为明显，广州—佛山连片区域成为公路网络密度最高的地区，东莞—深圳—惠州连片区域的公路网络密度也整体较高，江门、中山及肇庆的镇街整体处于较低水平。从2000年开始，珠江三角洲公路网络密度由广佛中心和东莞—深圳高值中心向外围减小的趋势开始显现。2010年，珠江三角洲公路网络密度进一步增加，但是区域差异也进一步扩大，中心地区与外围地区的差异进一步增加，肇庆、江门及惠州的大部分镇街均处于较低水平，相较2000年以前，其相对公路网络密度水平处于下降的趋势。2015年的公路网络密度增加较小，且整体的分布格局与2010年基本一致，公路网络密度的分布格局基本稳定。

分析1980—2015年公路网络密度的整体分布特征可以发现，整体上公路网络密度处于不断增加的趋势，且在1990年之后增加迅速，整体上分为两个阶段，1980—2000年，公路网络密度分布较为均匀，存在区域分布差异，但是差异处在较低水平，2000—2015年，公路网络密度增加较为迅速，区域差异变得非常明显，中心地区与外围地区的差异进一步扩大，广州—佛山高值区域的公路网络密度水平显著提高，外围地区公路网络密度相对水平下降较多。

3.3 道路交通网络结构演化

邻近度、中间性与直达性是多中心评价模型中测度城市交通网络结构的重要指标，核心是把交通线路作为网络的边，把交叉点作为节点，之后沿实际网络路径计算节点之间的距离，最终测度出交通网络中心性。本研究选取运用多中心性评价模型中的邻近度、中间性和直达性三个指标测度珠江三角洲交通网络结构演化。

中间性认为穿过某一个节点的最短路径越多，其中心性就越高，这些最短路径连接交通网络任意两个节点；邻近度指一个节点与其他所有节点邻近的程度；直达性衡量两个节点间最短路径与直线路径的偏离程度，偏离程度越小，直达性越好，交通效率也就越高，如果某节点能够以最短的直线路径到达网络内任一节点，那么该节点直达性最佳，交通效率也最高。

使用新加坡科技设计大学与麻省理工大学联合开发的城市网络分析工具软件（Urban Network Analysis Tool，UNA），结合 ArcGIS 10 软件的空间分析功能，对珠江三角洲五个年份的交通网络中心性进行测度。使用 UNA 工具进行道路网络分析具有以下三个方面的优势：①UNA 工具除了包含网络节点与边要素外，还包含商业网点、土地利用密度等第三个网络要素；②UNA 工具可以从拓扑学或者几何学的角度分析网络图层；③UNA 工具可以给予街区土地利用或网络交叉点相应的权重，以获得更准确可靠的分析研究结果（陈晨，王法辉等，2013）。通过 UNA 对五个年份的中间性、直达性及邻近度进行计算。

通过分析 1980—2015 年五个年份的中间性、直达性和邻近度，可以发现中间性和邻近度的区域差异较小，直达性的区域差异较大，且直达性的区域分布差异变化最大。由于中间性、直达性和邻近度的计算结果不能很好地对全局的整体情况进行分析，基于此，为了得到珠江三角洲全域的道路中心性指数，运用核密度估计法（Kernel Density Estimation，即 KDE）对交通网络结构特征进行空间插值，得到基于镇街的交通网络结构空间分布特征，通过分析可以发现，直达性的变化明显，最终形成由核心区向外围递减的趋势；邻近度在 1980 年、1990 年和 2000 年表现出明显的圈层结构特征，在 2010 年和 2015 年圈层结构逐渐消失，区域整体差异变小；中间性基本保持一致，但是核心区与外围地区的差距逐渐减小。

3.4　道路交通可达性演化

3.4.1　研究方法

路网密度和网络结构能够反映区域整体及网络节点的可达性水平，但不能反映出非网络节点的可达性水平，为了克服路网密度和网络结构的局限性，采用栅格可达性方法进行更进一步的分析。栅格可达性的计算原理是以珠江三角洲区域内区（县）节点为目标点，计算珠江三角洲内任意一个栅格到最近区（县）节点的最小时间成本，并分析在一定时间成本内栅格面积的变化（王振波，2010）。根据珠江三角洲土地利用数据的精度，将珠江三角洲划分为 30 米 × 30 米的栅格，对不同等级公路及不同地表类型分别赋值相应的速度：①陆地以 5 千米/小时的步行速度计算，陆地主要指道路之外连续的陆地部分，可以沿着任意方向出行；②水域以 1 千米/小时计算，主要是考虑到研究区内主要水域具有一定的通行能力，但是需要付出比陆地更大的时间成本；③公路按照不同等级和时间分别赋值速度，按照中华人民共和国行业标准《公路工程技术标准》（JTGB01 - 2003）、《公路工程技术标准》（JTG B01 - 2014）等，同时结合不同时期的珠江三角洲发展实际情况设定不同等级的出行速度。公路、陆地及水域等不同类型的时间成本如表 3 - 1 所示。

表 3 - 1   1980 —2015 年不同公路等级和地表类型通行
速度及时间成本   单位：千米/小时，分钟

年份	项目	高速公路	国道（主要公路）	省道（一般公路）	县乡道	陆地	水域
1980	速度	—	50	30	20	5	1
	时间成本（30 米）	—	0.036	0.06	0.09	0.36	1.8
	时间成本（1 千米）	—	1.2	2	3	12	60
1990	速度	—	60	40	30	5	1
	时间成本（30 米）	—	0.03	0.045	0.06	0.36	1.8
	时间成本（1 千米）	—	1	1.5	2	12	60
2000	速度	90	70	50	35	5	1
	时间成本（30 米）	0.02	0.03	0.04	0.05	0.36	1.8
	时间成本（1 千米）	0.6666667	0.86	1.20	1.71	12	60
2010	速度	100	80	60	40	5	1
	时间成本（30 米）	0.018	0.0225	0.03	0.045	0.36	1.8
	时间成本（1 千米）	0.6	0.75	1	1.5	12	60
2015	速度	100	80	60	40	5	1
	时间成本（30 米）	0.018	0.0225	0.03	0.045	0.36	1.8
	时间成本（1 千米）	0.6	0.75	1	1.5	12	60

3.4.2　栅格可达性时空演化

在进行珠江三角洲栅格可达性计算时，对于高速公路需要充分考虑其封闭性特征，即只有在高速公路出入口可以通行，因此只对高速公路与国道、省道相互连通的出入口赋予高值通过，对于其他路段设置为不与外界区域连通，使高速公路的封闭性得到充分的考虑。通过将道路、水体及陆地进行成本赋值后，使用 ArcGIS 10 空间分析模块中的成本距离分析工具即可求出各个栅格到最近区（县）节点的栅格可达性，最后以镇街为单元进行统计分析。

栅格可达性表示了任意栅格点到最近目的地点的累积出行成本，其值越高表明可达性水平越差，其值越低则栅格可达性水平越高，基于此对珠江三角洲五个年份的栅格可达性水平进行分析。1980 年，栅格可达性水平较高的地区主要分布在各个城市核心城区部分，且在高等级公路通过的地区栅格可达性水平较高，在整体上珠江三角洲核心区大于外围地区，在这一阶段各镇街的高低差异非常显著；1990 年，栅格可达性高低值的分布趋势基本一致，主要表现就是区域整体的栅格可达性水平有了较大的提高；2000 年的栅格可达性水平相较 1990 年又有了极大的提高，2010 年、2015 年的栅格可达性水平继续处于不断提高的趋势。整体上，1980—2015 年珠江三角洲的栅格可达性水平处于不断提高的趋势，除了呈现出以各市中心城区为核心的圈层结构外，整体上呈现出以广州、东莞和深圳为核心的圈层结构分布特征。

3.5　小　　结

1980—2015 年，珠江三角洲道路交通网络设施水平得到了很大提高，基本形成了以高速公路为主的高等级公路网络系统，珠江三角洲主要城市皆由高速公路相连，公路基础设施蓬勃发展，公路网络格局发生了极大的变化，截至 2015 年，通车里程达到了 63053 公里，基本上形成了以高速公路为主干网络的高等级公路网络，公路基础设施蓬勃发展。

1980—2015 年，珠江三角洲道路交通网络密度整体处于不断增加的水平，1980—2000 年，道路交通网络密度分布较为均匀，存在区域分布差异，但是整体差异处在较低水平；2000 年之后，道路交通网络密度增加较为迅速，区域差异变得非常明显，中心地区与外围地区的差异进一步增强，广州—佛山高值区域的公路网络密度水平显著提高，外围地区道路交通网络密度相对水平下降较多。表征道路交通网络结构的邻近度、直达性及中间性三个指标的演化特征差异较大：直达性的变化明显，最终形成由核心区向外围递减的趋势；邻近度在 1980 年、1990 年和 2000 年表现出明显的圈层结构特征，在 2010 年和 2015 年圈层结构逐渐消失，区域整体差异变小；中间性基本保持一致，但是核心与外围地区的差距逐渐减小。

道路交通网络演化对珠江三角洲道路交通可达性空间格局产生了影响，以栅格可达性为基础的研究表明：1980 年栅格可达性较高的地区主要分布在各个城市核心城区部分，且在高等级公路通过的地区栅格可达性较高，在整体上核心区大于外围地区，在这一阶段各镇街的高低差异非常显著；1990 年，栅格可达性分布趋势与 1980 年基本一致；2000 年栅格可达性水平比 1990 年有了极大的提高，2010 年、2015 年的可达性水平继续处于不断提高的趋势。1980—2015 年珠江三角洲的栅格可达性水平处于不断提高的趋势，除了呈现出以各市中心城区为核心的圈层结构外，还呈现出以广州、东莞和深圳为核心的圈层结构分布特征。

第4章

案例区土地利用演化特征

在对案例区道路交通网络演化研究的基础上，进一步从土地利用规模和格局（景观格局）两个角度研究案例区土地利用演化特征，为接下来案例区道路交通对土地利用的影响研究提供基础。

4.1 土地利用规模时空演化特征

珠江三角洲土地利用规模时空演化特征从土地利用类型变化及土地利用转移特征两个方面进行分析。

4.1.1 土地利用类型变化

不同土地利用类型的面积变化是土地利用变化最直接的体现。以珠江三角洲 1980 年、1990 年、2000 年、2010 年及 2015 年五个年份的土地利用/覆盖数据为基础，使用 ArcGIS 10 的面积统计功能统计了建设用地、耕地、林地、水域、草地及未利用土地六大类土地利用类型的面积，如表 4 – 1 所示。

表 4-1   珠江三角洲各土地利用类型面积统计

用地类型	1980 年		1990 年		2000 年		2010 年		2015 年	
	面积/平方千米	比例（%）	面积/平方千米	比例（%）	面积/平方千米	比例（%）	面积/平方千米	比例（%）	面积/平方千米	比例（%）
耕地	10998.87	20.11	10674.36	19.59	9942.18	18.17	6737.39	12.31	6666.54	12.17
林地	33504.08	61.27	33328.28	61.17	32643.07	59.65	31539.92	57.65	31215.38	57.00
草地	869.95	1.59	876.68	1.61	844.94	1.54	739.15	1.35	670.09	1.22
水域	7209.85	13.18	7201.32	13.22	6869.66	12.55	6058.35	11.07	5979.00	10.92
建设用地	924.77	1.69	1202.87	2.21	3217.11	5.88	8435.42	15.42	9127.09	16.67
未利用土地	1179.41	2.16	1197.05	2.20	1207.32	2.21	1200.97	2.20	1103.25	2.01

通过对珠江三角洲土地利用类型统计数据的分析可以发现：珠江三角洲在 1980 年、1990 年及 2000 年以林地和耕地为主，2010 年及 2015年以林地和建设用地为主；历年林地比例均在 50% 以上，耕地次之，比例均在 12% 以上，建设用地由 1.69% 不断增长到 16.67%，草地、水域及未利用土地的面积基本保持稳定。

使用土地利用变化率指数对珠江三角洲基本的土地利用演化特征进行研究。土地利用变化率指数能够反映各土地利用/覆盖类型的变化幅度与速度，主要包括时段变化率和年平均变化率两个指标，公式如式（4-1）所示。

$$K_T = \frac{U_b - U_a}{U_a} \times 100\%$$
（4-1）

式（4-1）中，K_T 为某种土地利用/覆盖类型的时段变化率，U_a 为研究时段开始时该土地利用/覆盖类型的面积，U_b 为结束时该土地利用/覆盖类型面积。

$$K = \frac{U_b - U_a}{U_a} \times \frac{1}{T} \times 100\%$$
（4-2）

式（4-2）中，K 为某种土地利用/覆盖类型的年平均变化率，T 为研究时段，当以年为单位设定时，计算结果表示该区域此类土地利用/覆盖类型的年变化率。

根据公式计算出珠江三角洲不同土地利用/覆盖类型的时段变化率和年平均变化率,结果如表4-2和表4-3所示。

表4-2　　　　　珠江三角洲各土地利用类型时段变化率指数

用地类型	1980—1990年		1990—2000年		2000—2010年		2010—2015年		1980—2015年	
	变化值/平方千米	变化率/（%）	变化值/平方千米	变化率/（%）	变化值/平方千米	变化率/（%）	变化值/平方千米	变化率/（%）	变化值/平方千米	变化率/（%）
耕地	-324.51	-2.95	-732.18	-6.86	-3204.80	-32.23	-70.85	-1.05	-4332.33	-39.39
林地	-175.80	-0.52	-685.20	-2.06	-1103.15	-3.38	-324.54	-1.03	-2288.69	-6.83
草地	6.73	0.77	-31.74	-3.62	-105.79	-12.52	-69.06	-9.34	-199.86	-22.97
水域	-8.54	-0.12	-331.66	-4.61	-811.31	-11.81	-79.35	-1.31	-1230.86	-17.07
建设用地	278.11	30.07	2014.24	167.45	5218.32	162.21	691.66	8.20	8202.32	886.96
未利用土地	17.64	1.50	10.26	0.86	-6.34	-0.53	-97.72	-8.14	-76.16	-6.46

表4-3　　　　　珠江三角洲各土地利用类型年均变化率指数

用地类型	1980—1990年	1990—2000年	2000—2010年	2010—2015年	1980—2015年
耕地	-0.30	-0.69	-3.22	-0.11	-1.13
林地	-0.05	-0.21	-0.34	-0.10	-0.20
草地	0.08	-0.36	-1.25	-0.93	-0.66
水域	-0.01	-0.46	-1.18	-0.13	-0.49
建设用地	3.01	16.75	16.22	0.82	25.34
未利用土地	0.15	0.09	-0.05	-0.81	-0.18

通过分析表4-2和表4-3可以发现,1980—2015年,耕地面积减少最多,达到了4332.33平方千米,减少39.39%,年平均减少

1.13%；建设用地面积增加最多，增加了 8202.32 平方千米，增加886.96%，年平均增加 25.34%；林地面积减少较大，达到了 2288.69平方千米，减少 6.83%，年平均减少 0.20%；草地面积减少了 199.86平方千米，减少 22.97%，年平均减少 0.66%；水域面积减少了1230.86 平方千米，减少 17.07%，年平均减少 0.49%；未利用土地减少了 76.16 平方千米，减少 6.46%，年均减少 0.18%。进一步分析各时间段的变化情况可以发现，耕地在 2000—2010 年减少面积最大，达到了 3204.80 平方千米，这一时段的建设用地面积增加最大，达到了5218.32 平方千米，2000—2010 年是耕地面积减少、建设用地面积增加的主要阶段，通过平均变化率指标可以发现，建设用地在 1990—2010年处于高速增长阶段，年平均增长率在 16% 以上，2000—2010 年是耕地减少速度最快的时间段，年减少率为 3.22%，林地在 1990—2010 年减少率均在 0.2% 以上。

4.1.2　土地利用转移特征

土地利用转移矩阵反映了某一地区某一时段期初和期末各地类面积之间相互转化的动态过程信息，它不仅包括静态的一定区域某时间点的各地类面积数据，而且含有更为丰富的期初各地类面积转出和期末各地类面积转入的信息。为了研究珠江三角洲多年间各地类之间的作用关系，通过建立多年土地利用转移矩阵进行分析。

利用 ArcGIS 10 软件对珠江三角洲 1980 年、1990 年、2000 年、2010 年及 2015 年土地利用/覆盖数据进行空间叠置操作，将结果导入Excel 软件中，分别获取 1980—1990 年、1990—2000 年、2000—2010年、2010—2015 年及 1980—2015 年五个时间段的土地利用转移矩阵，结果如表 4-4 到表 4-8 所示。

表 4－4　　　　　　　**1980—1990 年土地利用转移矩阵**　　　单位：平方千米

1980—1990 年	耕地	林地	草地	水域	建设用地	未利用土地	总计
耕地	9965.88	419.56	33.76	215.56	16.58	19.63	10670.97
林地	395.16	32619.46	43.26	198.92	14.58	36.48	33307.86
草地	41.36	54.47	750.71	22.41	2.95	4.34	876.24
水域	236.54	222.13	19.99	6680.65	13.25	25.44	7198.00
建设用地	291.52	108.45	14.00	39.73	746.22	1.58	1201.50
未利用土地	22.05	43.40	4.59	29.22	1.47	1087.49	1188.22
总计	10952.51	33467.47	866.31	7186.49	795.05	1174.96	54443.00

表 4－5　　　　　　　**1990—2000 年土地利用转移矩阵**　　　单位：平方千米

1990—2000 年	耕地	林地	草地	水域	建设用地	未利用土地	总计
耕地	9209.60	468.12	35.10	195.69	10.73	19.99	9939.23
林地	436.55	31912.48	49.84	192.11	7.79	38.40	32637.17
草地	42.69	60.65	709.73	22.14	2.18	4.95	842.34
水域	217.88	220.30	19.28	6371.62	7.39	25.33	6861.80
建设用地	744.67	615.72	57.69	388.19	1173.05	11.94	2991.26
未利用土地	22.76	47.22	4.93	30.93	1.73	1093.27	1200.84
总计	10674.15	33324.49	876.57	7200.68	1202.87	1193.88	54472.64

表 4－6　　　　　　　**2000—2010 年土地利用转移矩阵**　　　单位：平方千米

2000—2010 年	耕地	林地	草地	水域	建设用地	未利用土地	总计
耕地	6175.74	365.80	22.49	134.89	30.24	8.10	6737.26
林地	507.79	30686.71	53.30	208.36	41.31	40.56	31538.03
草地	35.08	46.75	625.37	18.69	8.33	4.88	739.10
水域	227.25	214.99	17.11	5544.03	28.88	25.35	6057.61

续表

2000—2010 年	耕地	林地	草地	水域	建设用地	未利用土地	总计
建设用地	2970.21	1268.70	120.36	930.93	3099.95	44.51	8434.66
未利用土地	23.74	48.98	5.87	29.75	7.31	1080.26	1195.91
总计	9939.81	32631.93	844.50	6866.65	3216.02	1203.66	54702.57

表 4-7　　　　　2010—2015 年土地利用转移矩阵　　　单位：平方千米

2010—2015 年	耕地	林地	草地	水域	建设用地	未利用土地	总计
耕地	5732.70	559.00	31.66	144.82	181.33	14.11	6663.62
林地	482.65	30092.54	49.81	242.31	278.53	46.19	31192.03
草地	29.33	56.97	520.02	17.91	40.53	4.85	669.61
水域	161.26	262.61	17.42	5339.83	161.56	28.35	5971.03
建设用地	319.93	513.69	115.48	281.49	7732.78	151.60	9114.97
未利用土地	11.31	50.76	4.64	30.67	39.85	950.32	1087.55
总计	6737.18	31535.57	739.03	6057.03	8434.58	1195.42	54698.81

表 4-8　　　　　1980—2015 年土地利用转移矩阵　　　单位：平方千米

1980—2015 年	耕地	林地	草地	水域	建设用地	未利用土地	总计
耕地	5776.21	644.12	34.02	184.87	9.90	14.58	6663.70
林地	684.03	30088.36	59.54	295.50	19.87	46.33	31193.63
草地	63.59	80.27	485.86	30.62	4.09	5.18	669.61
水域	374.52	369.54	23.14	5152.18	18.56	32.06	5970.00
建设用地	4063.07	2234.58	260.57	1495.95	869.81	170.30	9094.28
未利用土地	36.95	80.91	6.44	49.12	2.24	907.51	1083.17
总计	10998.37	33497.78	869.57	7208.24	924.47	1175.96	54674.39

通过对土地利用转移矩阵的分析可以发现各土地利用类型的流向，在1980—1990年、1990—2000年、2000—2010年、2010—2015年及1980—2015年五个时间段上，主要以建设用地、耕地及林地的流入流出为主，水域、草地及未利用土地的转移较小。1980—1990年，以耕地流向林地和建设用地为主，林地主要流向耕地和建设用地，1990—2000年，耕地及林地流向建设用地的面积不断增加，2000—2010年，耕地流向建设用地的面积达到2970.21平方千米，林地流向建设用地的面积达到1268.70平方千米，成为流向建设用地面积最多的时间段。

整体上分析1980—2015年土地利用转移情况，1980—2015年，耕地转出量为10998.37平方千米，转入量为6663.70平方千米，转出量比转入量多4334.67平方千米，耕地大面积减少，其主要流向了建设用地，其中4063.07平方千米的耕地转变为了建设用地。林地转出量为33497.78平方千米，转入量为31193.64平方千米，转出量比转入量多2304.17平方千米，其中644.12平方千米转变为了耕地，2234.58平方千米转变为了建设用地。建设用地增加来源主要是耕地和林地，草地及未利用土地的转换面积较小，但主要流向了建设用地，水域的面积较大，但是整体转换比例较小，其中有1495.95平方千米转入了建设用地，转入其他类型的面积均在20平方千米以下。

4.2 景观格局时空演化特征

景观指数高度浓缩土地利用及景观格局信息，成为国内外研究中使用最广泛的方法，其可以精炼地对研究区景观格局信息进行表征。研究使用Fragstats 4.2软件对珠江三角洲五个时间的景观指数进行计算，分别以珠江三角洲整体及各镇街为单元进行分析，以更加全面地了解珠江三角洲景观格局时空演化特征。

4.2.1 景观格局指数选取

Fragstats 软件专门用于计算各种层级及类型的景观指数，是由美国俄勒冈州立大学森林科学系开发的。Fragstats 能够计算的指标可以划分为三种层级：斑块水平（Patch-level）、斑块类型水平（Patch-level）及景观水平（landscape-level），研究从表征不同土地利用类型的斑块水平及表征区域整体景观格局特征的景观水平两个层次进行分析。

在景观水平上分别选取表征破碎度的斑块密度（PD）、表征形状的平均边缘面积比（PARA_MN）、表征聚集状态的斑块聚集度指数（AI）和表征多样性的香浓多样性指数（SHDI）四个指标，各指数的计算方法和意义如表 4 - 9 所示。在斑块类型水平上选取表征斑块面积的斑块类型面积百分比（PLAND）、表征斑块破碎度的边界密度（ED）、表征斑块形状的平均边缘面积比（PARA_MN）和表征斑块聚集分布状态的斑块凝聚度（AI）四个指标，各指数的计算公式和意义如表 4 - 10 所示。

表 4 - 9　　　　　　　　　　景观水平指数说明

序号	指数名称	计算公式	意义
1	斑块密度（Patch Density, PD）	$PD = \dfrac{n_i}{A}$	n_i 为斑块 i 类型的斑块个数，A 表示整体景观面积和。PD > 0，无上限。PD 反映的是景观被分割的破碎化程度和空间异质性程度
2	香浓多样性指数（Shannon's Diversity index, SHDI）	$SHDI = \sum_{i=1}^{m} P_i \times \ln(P_i)$	主要反映景观的异质性。取值范围为 SHDI ≥ 0

序号	指数名称	计算公式	意义
3	斑块聚集度指数（Aggregation Index，AI）	$AI = 2\ln(n) + \sum_{i=1}^{n}\sum_{j=1}^{n}P_{ij}\ln(P_{ij})$	斑块聚集度指数描述的是景观中斑块的聚集程度，反映的是景观要素在景观中的分散性。其取值介于 0 — 100 之间
4	平均边缘面积比（Perimeter Area Ratio_MEAN，PARA_MN）	$PARA\_MN = \dfrac{p_{ij}}{a_{ij}}$	周长与面积的比值

表 4 – 10　　　　　　　　斑块类型水平指数说明

序号	指数名称	计算公式	意义
1	景观类型百分比（Percentage of landscape，PLAND）	$PLAND = P_i = \dfrac{\sum_{j=1}^{n}a_{ij}}{A}100$	表示某景观类型在整个景观中的面积比例。i 表示要素类型，n 是斑块数目，a_{ij} 表示 i 类第 j 个斑块的面积，A 则是整体景观面积和。其值越大，就说明各要素类型所占比例相差就越大，也可以说该要素占优势，反之，值越小说明各要素所占比例相近
2	边界密度（Edge Density，ED）	$ED = \dfrac{E}{A} \times 10^6$	边界密度描述的是景观和类型被边界分割的程度
3	平均边缘面积比（Perimeter Area Ratio_MEAN，PARA_MN）	$PARA\_MN = \dfrac{p_{ij}}{a_{ij}}$	周长与面积的比值
4	斑块聚集度指数（Aggregation Index，AI）	$AI = 2\ln(n) + \sum_{i=1}^{n}\sum_{j=1}^{n}P_{ij}\ln(P_{ij})$	斑块聚集度指数描述的是景观中斑块的聚集程度，反映的是景观要素在景观中的分散性。其取值介于 0 — 100 之间

4.2.2 景观水平的景观格局指数分析

4.2.2.1 珠江三角洲整体分析

在景观水平上，使用 Fragstats 4.2 软件，以珠江三角洲作为整体进行计算，历年计算结果如表 4 – 11 所示。

表 4 – 11　　　　　　　　珠江三角洲景观水平的景观指数

年份	PD	PARA_MN	SHDI	AI
1980	8.8549	928.3415	1.1109	92.4889
1990	8.7645	909.5432	1.1253	91.8969
2000	9.0924	904.9778	1.1972	91.2362
2010	12.6987	938.314	1.2531	90.1545
2015	13.4742	960.3536	1.2535	89.0705

斑块密度（PD）反映了研究区域的土地利用破碎化程度，整体呈现不断增加的趋势，表明了 1980—2015 年珠江三角洲土地利用被分割的破碎化程度和空间异质性程度不断加大；平均边缘面积比（PARA_MN）反映了研究区土地利用形状特征，在 1980—2015 年呈现出不断增加的趋势，表明了在景观水平上，整体土地利用形状变得更加复杂多样；斑块聚集度指数（AI）呈现不断下降的趋势，表明斑块的聚集程度不断降低，变得更加分散；香浓多样性指数（SHDI）反映了研究区土地利用多样性特征，SHDI 呈现不断增加的趋势，表明了研究区土地利用多样性呈现不断增加的趋势。通过分析不同年份的变化数量可以发现，1980—1990 年各指标呈现出缓慢改变的趋势，1990—2000 年改变速度有所加快，到 2000—2010 年达到变化速度的最大值，并且

在 2010—2015 年呈现出逐渐稳定的趋势，改变速度放缓。

4.2.2.2　基于镇街尺度的分析

基于整体的分析仅仅能够对珠江三角洲整体上表征土地利用格局的景观指数及变化情况进行大致的了解，为了进行更加具体的分析，以珠江三角洲各镇街为单元，计算镇街尺度上的景观指数并进行分析。

1980 年，四种景观格局指数均表现出明显的地区分布差异，PD 以低值区域为主，高值区域主要分布在东莞、深圳等地区，并且除去肇庆、中山和珠海外，其他市均存在高值镇街；PARA_MN 高值区域呈现连片分布特点，主要分布在肇庆、广州北部及惠州西北和东南部；AI 以低值区域为主，高值区域主要分布在惠州、肇庆及广州北部地区；SHDI 的集聚趋势不够明显，总体上东莞、深圳及佛山处于较高水平。1990 年，四种景观格局指数仍然表现出明显的地区分布差异，且以低值区域为主，PD 高值区域与 1980 年基本一致，但是数值有所增加，表明了整体破碎化水平的增加；PARA_MN 的分布特征与 1980 年基本一致，高值区域呈现连片分布特点，主要分布在肇庆、广州北部及惠州西北和东南部；AI 整体变化不大，以低值区域为主，高值区域主要分布在惠州、肇庆及广州北部地区；SHDI 的分布趋势也基本一致。2000 年的整体分布特征与 1990 年一致，但是各指数值明显增加，表明了在这一阶段的破碎化水平及多样性水平均表现出增加的趋势。2010 年相较 2000 年的整体分布特征发生了较大的变化，PD 的分布集聚特征更加明显，高值区域的集聚面积变小，处于较低值的镇街在这一时间段内增加较快；PARA_MN 处于高值地区的镇街变小，变得更加均衡，处于较低值的镇街增加较快；AI 及 SHDI 处于较低的镇街在增加也较快。此阶段景观格局变化较为剧烈，整体各镇街高低值的差距开始变小。2015 年四个指数的空间分布特征与 2010 年基本一致，表明了在这一时间段内，各镇街土地利用的破碎化程度、多样性及形状特征等逐渐趋于稳定，各镇街内部土地利用的整体特征及格局逐渐稳定。

通过整体分析 1980—2015 年表征土地利用格局的景观指数分布可以发现，在空间上，历年土地利用的整体分布格局基本一致：PD 高值区域主要分布在东莞、深圳等地区；PARA_MN 高值区域呈现连片分布特点，主要分布在肇庆、广州北部及惠州西北和东南部；AI 高值区域主要分布在惠州、肇庆及广州北部地区；SHDI 总体上在东莞、深圳及佛山处于较高水平。在时间上，不同时间段的变化特征差异较为明显，整体上 1980—1990 年各指数处于缓慢改变阶段，1990—2000 年改变速度有所增加，2000—2010 年处于快速的改变阶段并且在 2010—2015 年逐渐趋于稳定。

4.2.3 斑块类型水平的景观格局指数分析

4.2.3.1 珠江三角洲整体分析

使用 Fragstats 4.2 软件，对选取的斑块类型水平上表征土地利用格局的景观指数进行计算，结果如表 4-12 所示。

表 4-12　　　　珠江三角洲斑块类型水平景观指数统计

年份	地类	PLAND	ED	PARA_MN	AI
1980	耕地	20.10	32.29	946.26	87.97
	林地	61.14	33.16	864.23	95.89
	草地	1.63	5.39	869.07	75.13
	水域	13.25	21.57	944.69	87.76
	建设用地	1.70	2.67	1112.63	88.22
	未利用土地	2.18	4.42	870.66	83.81

续表

年份	地类	PLAND	ED	PARA_MN	AI
1990	耕地	19.59	34.40	946.92	86.65
	林地	61.04	35.58	862.31	95.52
	草地	1.65	5.64	865.37	73.80
	水域	13.29	22.95	943.06	86.81
	建设用地	2.21	2.31	687.08	91.37
	未利用土地	2.22	4.65	863.38	83.10
2000	耕地	18.17	36.41	947.08	84.99
	林地	59.51	37.74	860.09	95.20
	草地	1.59	5.93	863.48	71.95
	水域	12.63	24.36	941.20	85.51
	建设用地	5.87	6.85	753.18	91.28
	未利用土地	2.24	4.95	853.29	82.31
2010	耕地	12.33	30.33	908.31	81.58
	林地	57.48	38.97	913.15	94.88
	草地	1.38	5.27	846.62	71.46
	水域	11.14	24.37	941.61	83.55
	建设用地	15.44	26.77	1015.67	87.00
	未利用土地	2.22	4.95	873.35	82.11
2015	耕地	12.18	33.39	911.68	79.47
	林地	56.84	43.73	947.97	94.20
	草地	1.26	5.45	872.68	67.54
	水域	10.98	26.24	938.34	82.05
	建设用地	16.69	31.07	1048.36	86.04
	未利用土地	2.04	5.24	937.34	79.49

　　由以上景观指数的计算结果分析可以发现，不同地类的景观指数表现出明显的差异及变化趋势。景观类型百分比（PLAND）表示某不同土地利用类型在整个区域中的面积比例，整体上林地最高、耕地次之，

草地和未利用土地的面积最小，建设用地面积不断增加，且增加速度最快，耕地的减少速度最快，PLAND 的变化特征反映了不同土地利用类型的变化特征。边界密度（ED）反映了不同土地利用类型的破碎化程度，在1980 年，耕地和林地最高、建设用地最低，随着时间推移，建设用地增加速度最快。平均边缘面积比（PARA_MN）反应了不同地类的形状特征，建设用地整体处于较高水平且呈现出先减少后增加的趋势，草地、水域和未利用土地的变化不大，耕地和林地处于较高水平但整体变化不大。斑块聚集度指数（AI）表征了斑块聚集分布状态，耕地不断减小，林地不断减少但变化不大，建设用地呈现出先增加后减小的趋势，草地和未利用土地的变化不明显，水域处于不断减小的趋势。整体上，建设用地和耕地变化最为明显，林地和水域次之，由于草地和未利用土地面积较小，其变化不明显。

4.2.3.2 基于镇街尺度的分析

基于整体的分析仅仅能够对珠江三角洲不同类型整体的格局特征及变化情况进行大致的分析，为了进行更加具体的研究，以珠江三角洲各镇街为单位，计算镇街尺度的景观指数，同时结合土地利用时空变化分析的结果，重点对建设用地及耕地进行研究。

分析1980 年各个镇街耕地的景观格局指数可以发现，PLAND 高值镇街主要集中在广州与佛山连片区域及广州与东莞连片区域，其他地区较小，这与珠江三角整体的耕地分布格局有关；PARA_MN 的高值区域分布较为零散，主要分布在广州和肇庆的相关镇街；ED 的高值分布区域较为集中，主要在广州和佛山相邻的镇街；AI 高值区主要分布在广州和佛山，惠州及肇庆也有较多镇街分布。1990 年与1980 年的分布趋势基本一致，主要表现就是 PLAND 值呈现下降的趋势，表明了耕地面积的不断减少；PARA_MN、ED 及 AI 的总体分布特征与1980 年保持一致。2000 年 PLAND 的变化最为明显，且在广州、佛山、东莞及深圳等珠江三角洲核心地区迅速减小；PARA_MN 由于耕地的减少也呈现出下

降的趋势；ED 及 AI 的整体分布趋势变化不明显。相较 2000 年，2010
年最大的变化就是 PLAND 继续减小，耕地的占用更加突出，同时由于
PLAND 的减小，导致 PARA_MN、ED 及 AI 均有较大幅度的降低，整体
的高值镇街减少较多。2015 年与 2010 年分布趋势基本一致，PLAND 的
减少量也较少，耕地占用量得到了控制，PARA_MN、ED 及 AI 的整体
变化也不大。

整体分析 1980—2015 年耕地景观格局指数的时空变化情况发现，
在空间上，由于受到珠江三角洲耕地分布特征的影响，耕地景观格局指
数的整体分布格局基本一致：PLAND 较大的镇街主要集中在广州与佛
山连片区域及广州与东莞连接区域，PARA_MN 的高值区域主要分布在
广州和肇庆的相关镇街，ED 的高值区域主要分布在广州和佛山相邻的
镇街，AI 值整体较小但是差异较大。随着时间的推移，耕地被大量占
用，导致 PLAND 不断减小，由此导致了 PARA_MN、ED 及 AI 的变化，
整体上 1990—2010 年是耕地面积减小最为迅速的阶段，此阶段 PLAND
变化迅速，并由此导致 PARA_MN、ED 及 AI 的变化。

分析 1980—2015 年建设用地的 PLAND、PARA_MN、ED 及 AI 指
数可以发现，在 1980 年 PLAND 较大的镇街主要分布在各地区的中心镇
街，是人口和建设用地集聚的区域，整体上，广州、佛山、东莞和深圳
的中心城区的 PLAND 最大，此外肇庆市中心城区的 PLAND 也较大；
PARA_MN 以高值为主，主要分布在建设用地总量较小的地区，建设用
地较大的区域，其 PARA_MN 的值总体较小，这与这些地区以建设用地
为主，且建设用地集中连片分布导致形状较为规则有关；ED 的分布与
PLAND 的分布基本一致；AI 的分布特征不规则，整体上珠江三角洲核
心区处于较高水平。1990 年相较 1980 年的整体变化不大，PLAND 略有
提高但是整体分布趋势没有发生改变；PARA_MN 的变化较为明显，高
值区域面积减少，中心地区低、周边地区高的特征更加显著；ED 的分
布趋势仍然与 PLAND 保持一致；AI 的分布特征与 1980 年基本一致，
整体上珠江三角洲核心区处于较高水平。2000 年，四种指数的空间分

布特征均发生了较大的变化，PLAND 的分布更加集聚，原有的肇庆高值区域的相对大小变低，高值区域集中在广州、佛山及深圳的中心城区；PARA_MN 整体高值区域增加，呈现出东部地区高于西部地区的特点；ED 的分布特征不再与 PLAND 保持一致，高值分布范围比 PLAND 更广，广州、东莞、深圳呈现连片分布特征；AI 在珠江三角洲核心区处于较高水平，集聚趋势更加明显。相较 2000 年，2010 年 PLAND 继续增加，高值分布区域继续扩大，广州、东莞、深圳、珠海和中山的中心镇街均处于较高水平；PARA_MN 的变化依然较为强烈，广州、佛山和深圳处于较高水平；ED 高值区域与 PLAND 的高值区域基本一致，但是整体分布范围更广；AI 的高值区域主要集中在广州、东莞、深圳、中山及珠海等地区。2015 年与 2010 年的分布特征基本一致，PLAND 略有增加，但是增加幅度已经远远小于 2000—2010 年的水平，表明了建设用地增加速度有所减少；由于 PLAND 的稳定，导致 PARA_MN、ED 及 AI 的整体变化不大。

整体分析各镇街建设用地的景观指数可以发现，建设用地的景观指数变化非常强烈，表明在 1980—2015 年建设用地的变化是非常明显的，尤其是 PLAND 随着时间的变化增加非常明显，同时，由于 PLAND 的变化，导致 PARA_MN、ED 及 AI 的变化非常强烈。

使用景观指数通过对各镇街耕地及建设用地格局的分析，可以对珠江三角洲重点土地利用类型的景观格局特征进行全面的分析。对于耕地而言，在空间上，历年耕地指数的整体分布格局基本一致，整体上 1990—2010 年是耕地面积减少最为迅速的阶段，此阶段 PLAND 变化迅速，并由此导致 PARA_MN、ED 及 AI 的变化。整体上建设用地景观指数变化非常强烈，建设用地的变化是非常明显的，尤其是 PLAND 的增加非常明显，同时，由于 PLAND 的变化，导致 PARA_MN、ED 及 AI 的变化非常强烈。

4.3 小 结

通过对珠江三角洲 1980 年、1990 年、2000 年、2010 年及 2015 年土地利用/覆盖数据的分析可以发现，珠江三角洲在 1980 年、1990 年及 2000 年以林地和耕地为主，2010 年及 2015 年以林地和建设用地为主。林地比例历年均在 50% 以上，耕地次之，比例均在 12% 以上，建设用地由 1.69% 左右不断增长到 16.67% 以上，水域、草地和未利用土地面积基本保持稳定。在 1980 — 1990 年、1990 — 2000 年、2000 — 2010 年、2010 — 2015 年及 1980 — 2015 年五个时间段上，主要以耕地、林地及建设用地的转移为主，草地、水域及未利用土地的转移较小。在 1980 — 2015 年的 35 年间，耕地大面积减少，其主要转变为了建设用地；林地转出量比转入量多 2304.17 平方千米，其中 644.12 平方千米转变为了耕地，2234.58 平方千米转变为了建设用地；建设用地的增加主要来源于耕地和林地；水域的面积较大，但是整体转移比例较小；草地及未利用土地由于面积较小，整体转移量较小。

1980 — 2015 年，珠江三角洲的土地利用的破碎化程度和空间异质性程度不断加大，整体形状变得更加复杂多样，斑块的聚集程度不断降低，变得更加分散，同时土地利用多样性呈现不断增加的趋势。并且，在 2000 — 2010 年变化速度最快，在 2010 — 2015 年呈现出逐渐稳定的趋势。耕地和建设用地的景观格局指数变化非常强烈，主要是由于建设用地和耕地占比的改变，导致其聚集性和多样性等特征发生改变。

第5章

案例区道路交通对土地
利用规模的影响

道路交通网络相关指标与土地利用之间是否存在关系是道路交通对土地利用影响的基础，基于此，本章在重点探讨研究区道路交通网络相关指标与土地利用关系的基础上，对道路交通对土地利用规模的影响进行研究。

5.1 道路交通与土地利用规模的相关性

研究采用相关系数分析法进行道路交通与土地利用规模的相关关系研究。相关系数是反应变量之间关系密切程度的统计指标，相关系数的取值范围在 1 到 -1 之间。相关系数越接近 0 表明变量的相关关系越弱，计算公式如式（5-1）所示。

$$R_{xy} = \frac{S_{xy}}{S_x S_y} \qquad (5-1)$$

其中，R_{xy} 表示变量的相关系数，S_x 表示 x 的标准差，S_y 表示 y 的标准差，S_{xy} 表示协方差。其中，S_{xy}、S_x 及 S_y 的计算公式如式（5-2）所示。

S_{xy} 的计算公式如式（5-2）所示：

$$S_{xy} = \frac{\sum_{i=1}^{n} (X_i - \overline{X})(Y_i - \overline{Y})}{n-1} \qquad (5-2)$$

S_x 的计算公式如式（5-3）所示：

$$S_x = \sqrt{\frac{\sum (x_i - \bar{x})^2}{n-1}} \qquad (5-3)$$

S_y 的计算公式如式（5-4）所示：

$$S_y = \sqrt{\frac{\sum (y_i - \bar{y})^2}{n-1}} \qquad (5-4)$$

基于 1980 年、1990 年、2000 年、2010 年及 2015 年各镇街的栅格可达性、路网密度、直达性、中间性、邻近度及土地利用规模数据，使用 SPSS 的 Pearson 相关性分析方法对历年的道路交通指标与土地利用规模相关关系进行分析，其中土地利用规模使用每种地类的占比来进行表示，得到道路交通相关指标与土地利用规模的相关性。

分析 1980 年相关系数矩阵可以发现，栅格可达性与除去未利用土地外所有土地利用类型呈现显著相关性，与建设用地、草地和耕地呈负相关，表明栅格可达性越好的地方，其建设用地、草地与耕地分布数量越多（栅格时间成本的值越低表明可达性水平越高），与其他土地利用类型均呈现负相关，表明栅格可达性越差的地方，林地和水域的数量越多；直达性与林地、水域呈负相关，与建设用地呈正相关，表明直达性越高的地方建设用地越多、林地和水域越少；中间性与所有土地利用类型均没有表现出明显的相关性；邻近度与耕地、水域和建设用地呈正相关，与其他类型呈负相关，表明邻近度越高的地方，耕地、水域和建设用地越多，其他地类越少；路网密度与耕地和草地呈正相关，与林地和水域呈负相关，与建设用地相关性不明显，表明了路网密度越高的地方耕地和草地越多、林地和水域越少，如表 5-1 所示。

表 5-1　1980 年土地利用规模与道路交通指标相关系数矩阵

项目	耕地	林地	草地	水域	建设用地	未利用土地	栅格可达性	直达性	中间性	邻近度
林地	-0.327**									
草地	0.127**	-0.032								
水域	0.154**	-0.503**	-0.014							
建设用地	-0.365**	-0.532**	-0.141**	-0.186**						
未利用土地	-0.068	-0.044	0.086*	0.074	-0.035					
栅格可达性	-0.084*	0.345**	-0.082*	0.187**	-0.455**	0.078				
直达性	0.032	-0.162**	0.054	-0.169**	0.254**	-0.037	-0.383**			
中间性	0.012	-0.032	0.045	-0.052	0.059	0.012	-0.197**	0.492**		
邻近度	0.160**	-0.682**	-0.243**	0.179**	0.514**	-0.220**	-0.405**	0.310**	0.036	
路网密度	0.317**	-0.086*	0.178**	-0.099*	0.013	-0.056	-0.379**	0.572**	0.360**	0.134**

注:表格中 ** 表示在 1% 的显著性水平下通过了检验, * 表示在 5% 的显著性水平下通过了检验, 下同。

　　分析 1990 年相关系数矩阵可以发现，栅格可达性与建设用地、草地和耕地呈负相关，与未利用土地、林地和水域呈正相关，表明栅格可达性水平越好的地方，其建设用地分布数量越多，未利用土地、林地和水域越少；直达性与建设用地和耕地呈正相关，与林地和未利用土地呈负相关，表明直达性越高的地方建设用地越多，林地和未利用土地越少；中间性与耕地呈正相关，与林地呈负相关，表明中间性越高的地方耕地越多，林地越少；邻近度与建设用地和水域呈正相关，与林地、草地和未利用土地呈负相关，表明邻近度越高的地方，建设用地和水域越多，林地、草地和未利用土地越少；路网密度与耕地呈正相关、与林地呈负相关，与建设用地相关性不明显，表明了路网密度越高的地方耕地越多、林地越少，如表 5-2 所示。

　　分析 2000 年相关系数矩阵可以发现，栅格可达性与建设用地呈负相关，与林地呈正相关，表明栅格可达性水平越好的地方，其建设用地分布越多，林地越少；直达性与建设用地、耕地和草地呈正相关，与林地呈负相关，表明直达性越高的地方建设用地、耕地和草地越多，林地越少；中间性与建设用地呈正相关，与林地呈负相关，表明中间性越高的地方建设用地越多，林地越少；邻近度仅与未利用土地呈正相关，与其他地类相关性均不强；路网密度与建设用地呈正相关，与耕地、草地和水域呈负相关，表明了路网密度越高的地方建设用地越多，耕地、草地和水域越少，如表 5-3 所示。

　　分析 2010 年相关系数矩阵可以发现，栅格可达性与建设用地呈负相关，与林地和耕地呈正相关，表明栅格可达性水平越好的地方，其建设用地分布数量越多，林地和林地越少；直达性与建设用地呈正相关，与耕地、林地、草地和水域呈负相关，表明直达性越高的地方建设用地越多，耕地、林地和草地越少；中间性与建设用地呈正相关，与耕地和

表 5-2　1990 年土地利用规模与道路交通指标相关系数矩阵

项目	耕地	林地	草地	水域	建设用地	未利用土地	栅格可达性	直达性	中间性	邻近度
林地	-0.259**									
草地	0.159**	-0.042								
水域	0.188**	-0.496**	-0.007							
建设用地	-0.397**	-0.598**	-0.148**	-0.194**						
未利用土地	-0.065	-0.024	0.086*	0.050	-0.149**					
栅格可达性	-0.076	0.425**	-0.067	0.084*	-0.467**	0.111**				
直达性	0.223**	-0.281**	0.068	-0.048	0.210**	-0.098*	-0.429**			
中间性	0.205**	-0.130**	0.044	0.074	-0.020	-0.037	-0.185**	0.395**		
邻近度	0.056	-0.696**	-0.238**	0.183**	0.648**	-0.221**	-0.477**	0.358**	0.118**	
路网密度	0.279**	-0.099*	0.075	0.006	-0.052	-0.050	-0.314**	0.779**	0.331**	0.137**

表 5 - 3　　　　　　2000 年土地利用规模与道路交通指标相关系数矩阵

项目	耕地	林地	草地	水域	建设用地	未利用土地	栅格可达性	直达性	中间性	邻近度
林地	-0.128**									
草地	0.293**	-0.030								
水域	0.238**	-0.447**	0.045							
建设用地	-0.468**	-0.679**	-0.209**	-0.194**						
未利用土地	-0.020	-0.028	0.156**	0.065	-0.134**					
栅格可达性	-0.011	0.510**	0.002	0.013	-0.512**	0.129**				
直达性	0.235**	-0.313**	0.169**	0.027	0.182**	-0.075	-0.432**			
中间性	-0.035	-0.162**	-0.042	-0.063	0.216**	-0.068	-0.236**	0.523**		
邻近度	-0.012	-0.076	-0.028	0.031	0.038	0.214**	-0.035	0.012	0.039	
路网密度	-0.417**	-0.006	-0.309**	-0.150**	0.275**	-0.035	-0.201**	0.705**	0.382**	-0.028

注：表格中 ** 表示在 1% 的显著性水平下通过了检验。

林地呈负相关，表明中间性越高的地方建设用地越多，耕地和林地越少；邻近度与所有土地利用类型的相关性均不显著；路网密度与建设用地呈正相关，与耕地、草地、水域和未利用土地呈负相关，表明了路网密度越高的地方建设用地越多，耕地、草地、水域及未利用土地越少，如表5－4所示。

分析 2015 年相关系数矩阵可以发现，栅格可达性与建设用地呈负相关，与林地和耕地呈正相关，表明栅格可达性水平越好的地方，其建设用地分布数量越多，耕地和林地越少；直达性与建设用地呈正相关，与耕地、林地和水域呈负相关，表明直达性越高的地方建设用地越多，耕地、林地和水域越少；中间性与建设用地呈正相关，与耕地和林地呈负相关，表明中间性越高的地方建设用地越多，耕地和林地越少；邻近度与所有土地利用类型的相关性均不显著；路网密度与建设用地呈正相关，与耕地、草地、水域和未利用土地呈负相关，表明了路网密度越高的地方建设用地越多，耕地、草地、水域及未利用土地越少，如表5－5所示。

通过整体分析基于 1980 年、1990 年、2000 年、2010 年及 2015 年的道路交通相关的栅格可达性、直达性、邻近度及路网密度指标与土地利用规模的相关系数可以发现，栅格可达性指标与土地利用规模的相关性最强。直达性、中间性及邻近度表征的区域交通网络结构水平与土地利用规模的相关关系存在较大差异，直达性与土地利用规模的相关关系最为紧密，邻近度与土地利用规模的相关关系最为微弱，中间性整体相关性水平不强，由于直达性衡量了区域交通效率水平，表明了交通效率与区域土地利用发展存在较强的相关性。路网密度与土地利用规模的关系也较大，表明了区域交通便捷性与土地利用存在内在的关系。同时，1980—2000 年相关系数波动变化较大，到 2010 年之后逐渐趋于稳定，与珠江三角洲交通和土地利用的发展趋势基本一致。同时，道路交通与

表 5 - 4　2010 年土地利用规模与道路交通指标相关系数矩阵

项目	耕地	林地	草地	水域	建设用地	未利用土地	栅格可达性	直达性	中间性	邻近度
林地	0.137**									
草地	0.115**	-.070								
水域	0.260**	-0.380**	0.052							
建设用地	-0.532**	-0.825**	-0.061	-0.123**						
未利用土地	-0.033	-0.053	0.154**	0.071	-0.099*					
栅格可达性	0.278**	0.713**	0.021	-0.002	-0.757**	0.016				
直达性	-0.357**	-0.614**	-0.148**	-0.115**	0.759**	-0.172**	-0.605**			
中间性	-0.158**	-0.268**	-0.074	-0.049	0.334**	-0.092*	-0.248**	0.457**		
邻近度	-0.029	-0.053	-0.009	0.040	0.047	-0.022	-0.048	0.044	-0.004	
路网密度	-0.304**	-0.589**	-0.109**	-0.059	0.692**	-0.144**	-0.595**	0.859**	0.546**	0.041

注：表格中 ** 表示在 1% 的显著性水平下通过了检验。

表 5 - 5　　**2015 年土地利用规模与道路交通指标相关系数矩阵**

项目	耕地	林地	草地	水域	建设用地	未利用土地	栅格可达性	直达性	中间性	邻近度
林地	0.174**									
草地	0.123**	-.027								
水域	0.249**	-0.374**	0.040							
建设用地	-0.552**	-0.835**	-0.084*	-0.115**						
未利用土地	-0.027	-0.047	0.101*	0.069	-0.096*					
栅格可达性	0.296**	0.684**	0.029	-0.050	-0.716**	0.066				
直达性	-0.376**	-0.612**	-0.123**	-0.140**	0.758**	-0.150**	-0.581**			
中间性	-0.211**	-0.340**	-0.027	-0.044	0.409*	-0.106*	-0.298**	0.469**		
邻近度	-0.032	-0.051	-0.008	0.033	0.047	-0.019	-0.026	0.020	-0.002	
路网密度	-0.323**	-0.595**	-0.098*	-0.064	0.692**	-0.118**	-0.583**	0.840**	0.484**	0.032

注：表格中 ** 表示在 1% 的显著性水平下通过了检验，* 表示在 5% 的显著性水平下通过了检验，下同。

土地利用规模的关系因土地利用类型的不同而存在差异，与交通可达性相关的地类主要有建设用地、耕地、林地，而与分布广泛的水域及面积相对较小的草地及未利用土地的相关关系不显著，因此对于道路交通对土地利用规模的影响研究主要集中于建议用地、剩地和标地。

5.2 土地利用规模影响因素确定

5.2.1 影响因素选取

根据文献综述的相关研究成果，结合珠江三角洲实际情况，并以重点探讨道路交通相关指标对土地利用规模的影响为基础进行影响因素确定。道路交通相关指标初步选取栅格可达性、直达性及路网密度，其他指标初步选取高程、坡度、人口密度、人均 GDP 作为影响土地利用规模的主要因素。

与自然因素相关的要素选取高程和坡度两个指标，数据由 DEM 数据处理获取。DEM 数据来自 ASTER GDEM V2 数据，由日本 METI 和美国 NASA 联合研制并免费面向公众分发，在全球相关研究中取得了广泛的应用。由于 ASTER GDEM V1 原始数据在局部地区存在异常现象，因此 V2 版采用先进算法对 V1 版本的影像数据进行了改进，进一步提高了影像数据的高程精度和空间分辨率，对 V2 版本的研究表明其对 V1 版本中出现的错误进行了很好的更正，整体精度和可用性优于 V1 数据。ASTER GDEM V2 数据于 2015 年 1 月正式发布，空间分辨率为 30 米。将 ASTER GDEM V2 数据进行数据镶嵌、数据裁剪及投影变化之后得到珠江三角洲 DEM 原始数据，同时根据 DEM 数据生成珠江三角洲坡度分布数据。由于研究是以镇街为单元进行的，因此，以各镇街为统计单元，计算各镇街的高程及坡度平均值。

人口和 GDP 是区域发展的重要指标，研究选取人口密度及人均 GDP 两个指标来表示珠江三角洲区域发展情况。由于 1980 年、1990年、2000 年、2010 年及 2015 年以镇街统计的人口及 GDP 数据较难完整获取，仅有中山市及东莞市的镇街数据较为全面。因此，除了中山市及东莞市使用镇街数据外，其他城市的人口密度及人均 GDP 数据采用所属区县的人口密度及人均 GDP 数据进行地统计空间插值获取。地统计学作为空间统计分析的一个主要内容，是以变异函数为主要工具，以区域化变量理论为基础，研究在空间分布上既有随机性又有结构性，或空间相关和依赖性的学科（王政权，1999），主要使用变异函数和克里格法进行空间模式分析（Zhang and Selinus，1997），在进行地统计分析时，主要按照以下步骤进行研究：①获得数据空间分布的初步信息，即探索性数据分析，从而决定是否对研究数据进行正态变换；②变异函数的最优拟合及参数计算，研究区域化变量的空间分异特征；③根据拟合得到的变异函数进行插值，得到区域化变量空间分布直观表达图。根据研究对象的不同趋势特征，克里格法可以分为三种类型，即普通克里格法、趋势克里格法及简单克里格法。研究使用普通克里格法，运用 Arc-GIS 10 的 Geostatistical Analyst 模块，通过探索性数据分析、函数最优拟合及依据变异函数进行克里格插值等步骤，最终得到珠江三角洲各镇历年的人口密度及人均 GDP 数据。由于插值结果存在的边界效应，为了使结果更加准确，将插值结果与实际所属区县的人口密度及人均 GDP结果取平均值，得到最终的各镇街的人口密度和人均 GDP 数据。

根据第一节的分析可以发现，在路网密度、栅格可达性及道路网络结构等指标中，栅格可达性与土地利用规模的关系最为紧密，道路网络结构中的直达性与土地利用规模关系较为紧密，邻近性与中心性的相关性水平不强。同时，路网密度与土地利用规模也表现出较强的相关性。因此，道路交通相关指标选取栅格可达性、直达性及路网密度三个指标进行研究。

5.2.2　多重共线性诊断

在对影响因素进行模型分析时，如果解释变量之间存在高度相关关系或者精确相关关系时，将会出现信息重叠现象，导致整个模型估计失真或难以进行准确的估计，因此在进行分析之前需要对数据进行多重共线性检验以删除相关性较强的数据。本研究使用 SPSS 软件进行多重共线性诊断，计算 1980 年、1990 年、2000 年、2010 年及 2015 年五个年份道路交通相关的栅格可达性、直达性及路网密度指标与高程、坡度、人口密度及人均 GDP 等其他指标的方差膨胀因子（VIF）（见表 5 – 6），经过检验，高程和坡度的方差因子最大，为了使研究结果更加符合实际情况，将方差膨胀因子最大的高程因素删除，最终道路交通相关指标选取栅格可达性、直达性及路网密度，其他因素选取坡度、人口密度及人均 GDP 进行分析。

表 5 – 6　　　　　　　　方差膨胀因子诊断

影响因素	1980 年	1990 年	2000 年	2010 年	2015 年
人口密度	1. 656	1. 507	1. 425	2. 008	2. 849
人均 GDP	1. 441	1. 283	1. 238	2. 184	2. 979
高程	4. 308	4. 528	4. 502	4. 617	5. 044
坡度	3. 970	3. 876	3. 935	3. 822	3. 848
栅格可达性	1. 544	1. 686	1. 899	2. 533	2. 600
直达性	1. 805	2. 983	2. 474	4. 200	3. 714
道路密度	1. 674	2. 764	2. 203	3. 966	3. 582

5.3 道路交通对土地利用规模的影响

5.3.1 影响的空间分布

5.3.1.1 实证模型

在空间差异的研究中，地理加权回归（Geographical Weighted Regression，GWR）模型是当前使用较多的模型，在 1996 年，布伦斯顿等（Brunsdon et al.，1996）首先提出了这一模型。GWR 模型区别于常规的回归模型，是对一般线性回归模型的扩展，是一种空间回归技术的局部模型，GWR 模型在充分考虑研究对象空间自相关性的基础上，进一步考虑了研究对象的空间异质性。由于研究对象存在空间异质性，研究对象的因变量和自变量之间的关系会随着位置的变化而存在差别。因此，使用 GWR 模型获取的回归系数会随着空间位置的变化而发生改变，从而更精确地表示自变量与因变量之间的关系。GWR 模型的核心是将数据的地理位置引入到回归参数之中，通过相邻观测值的子样本数据信息对局部进行回归估计，估计的参数随着空间上局部地理位置的变化而产生变化。

GWR 模型主要优势在于把空间权重矩阵应用在线性回归模型中，是一种改进的空间线性回归模型，可以更好地展示空间结构分异，其广泛应用在经济学、地理学、环境学及犯罪学等领域，公式如式（5-5）所示：

$$y_i = \beta_0(\mu_i, v_i) + \sum_{k=1}^{p} \beta_k(\mu_i, v_i)x_{ik} + \varepsilon_i \qquad (5-5)$$

y_i 代表观测值，(μ_i, v_i) 表示样点 i 的坐标，$\beta_0(\mu_i, v_i)$ 表示 i

点的回归常数，$\beta_k(\mu_i, v_i)$ 表示第 i 点上的第 k 个回归参数，是地理位置的函数；p 表示独立变量个数；x_{ik} 表示独立变量 x_k 在 i 点的值；ε_i 表示随机误差。

5.3.1.2　基础条件分析

（1）空间权重矩阵。

空间权重矩阵是对各数据单元空间位置的量化结果，表达了各观测数据之间的邻近关系。空间权重矩阵通过定义一个二元对称空间权重矩阵 W 来对 n 个位置空间的邻近关系进行表达，具体如式（5-6）所示：

$$W_{ij} = \begin{bmatrix} w_{11} & \cdots & w_{1n} \\ \cdots & & \cdots \\ w_{n1} & \cdots & w_{nn} \end{bmatrix} \qquad (5-6)$$

式（5-6）中，W_{ij} 代表区域 i 与 j 的临近关系，空间权重有两种最主要的表现形式：第一种为二进制邻接矩阵，如式（5-7）所示：

$$w_{ij} = \begin{cases} 1 & \text{当区域 i 和 j 相邻接} \\ 0 & \text{其他} \end{cases} \qquad (5-7)$$

第二种为基于距离的二进制空间权重矩阵，如式（5-8）所示：

$$w_{ij} = \begin{cases} 1 & \text{当区域 i 和 j 的距离小于 d 时} \\ 0 & \text{其他} \end{cases} \qquad (5-8)$$

本研究使用 Geoda 软件，使用一次邻接规则建立研究所需的空间权重矩阵，邻接规则的定义如下：如果第 i 和第 j 个空间单元具有公共边界，则认为它们是邻居，空间权重矩阵中的元素为 1；如果第 i 和第 j 个空间单元没有公共边界则不是邻居，空间权重矩阵中的元素为 0。

（2）空间自相关检验。

在建立空间回归模型之前，需要进行全局的空间自相关检验。全局空间自相关指标主要描述的是某一观测单元上的观测值与其他观测单元上的观测值的相关性，是为了表明属性值与其所在位置存在显著的相互作用，本研究计算 Moran's I 指数值来分析属性的全局空间自相关性，公示如式（5-9）所示：

$$I = \frac{n \times \sum\limits_{i}^{n} \sum\limits_{j}^{n} w_{ij} \times (y_i - \bar{y})(y_j - \bar{y})}{\left(\sum\limits_{i}^{n} \sum\limits_{j}^{n} w_{ij}\right) \times \sum\limits_{i}^{n} (y_i - \bar{y})^2} \tag{5-9}$$

其中，I 为 Moran's I 指数，n 表示研究区样本数量，y_i 及 y_j 表示 i、j 点的属性值，$\bar{y}$ 表示所有研究区样本属性平均值，w_{ij} 表示空间权重矩阵。Moran's I 的取值在（-1，1）之间，小于 0 表示观测值呈负相关，等于 0 呈现独立随机分布，大于 0 表示观测值呈正相关。

本研究运用 Geoda 软件分别计算 1980 年、1990 年、2000 年、2010 年及 2015 年五个年份各镇街不同土地利用规模的全局空间自相关指数 Moran's I 值，显著性检验使用蒙特卡罗模拟方法的 999 序列进行，结果如表 5-7 所示：

表 5-7　　　　　　　不同土地利用类型规模的 Moran's I 值

年份	耕地		林地		建设用地	
	Moran's I	P 值	Moran's I	P 值	Moran's I	P 值
1980	0.5545	0.001	0.6674	0.001	0.2789	0.001
1990	0.5691	0.001	0.6680	0.001	0.3758	0.001
2000	0.5834	0.001	0.6688	0.001	0.5061	0.001
2010	0.6604	0.001	0.6732	0.001	0.5498	0.001
2015	0.6707	0.001	0.6724	0.001	0.5430	0.001

历年的耕地、林地及建设用地规模的 Moran's I 值均为正数，表明存在全局的空间自相关性，建设用地的 Moran's I 值由 1980 年的 0.2789 增加到 2015 年的 0.5430，建设用地的集聚趋势最为明显；耕地的 Moran's I 值由 1980 年的 0.5545 增加到 2015 年的 0.6707，集聚趋势缓慢增加；林地的 Moran's I 值基本保持稳定。不同土地利用类型的

Moran's I 值在 1990 — 2010 年的增加速度最快，2010 年之后基本保持稳定。

5.3.1.3　基于 GWR 模型的影响因素空间分布特征

应用 GWR 模型，以 2015 年为研究对象，分别以建设用地规模、耕地规模及林地规模为因变量，以 2015 年的人口密度、人均 GDP、坡度、栅格可达性、直达性及路网密度作为自变量进行 GWR 的模型构建与分析，研究因素对土地利用规模的影响。

（1）总体特征分析。

以 GWR 模型计算的道路交通相关的栅格可达性、直达性及路网密度指标及坡度、人口密度、人均 GDP 等其他指标的影响结果为基础，从总体上分析不同因素对土地利用规模的影响。GWR 模型的构建采用 GWR 4 软件进行，采用 Gauss 函数来构建加权函数，使用 AICC 方法与固定核函数确定最优带宽。基于 GWR 4 软件的计算结果，分别对建设用地、耕地及林地规模的总体影响进行分析。

对于 2015 年建设用地规模的影响因素进行 GWR 模型分析，其回归拟合系数为 0.878，整体拟合效果较好。将各解释变量的回归系数进行统计，如表 5－8 所示。表中系数平均值反应了各变量对建设用地规模的平均贡献，变量排序依次为：栅格可达性（负值，正向作用）＞人口密度＞直达性＞坡度（负值，负向作用）＞路网密度（负值，负向作用）＞人均 GDP，仅有坡度和道路密度对建设用地分布产生负向作用，其余均产生正向作用。进一步对各影响因素的最大值、Q1、中位数、Q3 及最小值分析可以发现，栅格可达性、直达性及人口密度一直处于正向作用，人均 GDP、坡度及路网密度的正向负向作用均存在。

表 5 - 8　　　　　　　　2015 年建设用地规模的地理加权回归模型评估

变量	均值	标准差	最小值	Q1	中位数	Q3	最大值	变化幅度
Intercept	0.0517	0.2167	- 0.2896	- 0.0750	- 0.0070	0.1103	0.8540	1.1436
人口密度	0.4304	0.2586	0.0598	0.2132	0.3632	0.6267	1.3146	1.2548
人均 GDP	0.0096	0.2011	- 0.8367	0.0140	0.0713	0.1217	0.1947	1.0315
坡度	- 0.1182	0.1561	- 0.3534	- 0.2027	- 0.1362	- 0.0884	0.4074	0.7608
栅格可达性	- 0.5012	0.3003	- 1.1937	- 0.6669	- 0.4794	- 0.2825	- 0.0264	1.1673
直达性	0.2462	0.0804	0.0746	0.1925	0.2581	0.3099	0.3830	0.3084
路网密度	- 0.0239	0.0242	- 0.0761	- 0.0417	- 0.0248	- 0.0028	0.0287	0.1047

　　2015 年耕地规模影响的回归拟合系数为 0.5361，整体拟合效果较好。将各解释变量的回归系数进行统计，如表 5 - 9 所示，变量贡献依次为：人口密度（负向）＞坡度（负向）＞栅格可达性（正值，负向）＞直达性（负向）＞人均 GDP（负向）＞路网密度。仅有路网密度整体产生正向影响，其余均产生负向作用。进一步分析发现，人口密度、坡度、栅格可达性一直处于负向作用，人均 GDP、直达性及路网密度存在正向和负向两种作用。

表 5 - 9　　　　　　　　2015 年耕地规模的地理加权回归模型评估

变量	均值	标准差	最小值	Q1	中位数	Q3	最大值	变化幅度
Intercept	- 0.0789	0.1693	- 0.5370	- 0.1945	- 0.0553	0.0168	0.4336	0.9706
人口密度	- 0.5317	0.3815	- 2.0512	- 0.6538	- 0.4598	- 0.2672	- 0.0944	1.9568
人均 GDP	- 0.0371	0.3476	- 0.4827	- 0.2200	- 0.1237	- 0.0321	1.3416	1.8242
坡度	- 0.4489	0.1187	- 0.7348	- 0.5271	- 0.4476	- 0.3692	- 0.1724	0.5624
栅格可达性	0.3317	0.2286	0.0954	0.1587	0.2395	0.4640	1.1822	1.0868
直达性	- 0.0593	0.0883	- 0.2929	- 0.1212	- 0.0536	0.0047	0.1120	0.4049
路网密度	0.0311	0.0521	- 0.0759	- 0.0002	0.0187	0.0603	0.2325	0.3084

2015 年林地规模影响的回归拟合系数为 0.9274，拟合效果较好。各解释变量的回归系数如表 5 - 10 所示，变量贡献排序依次为：坡度 > 栅格可达性（正值，负向）> 人口密度（负向）> 直达性（负向）> 人均 GDP（负向）> 路网密度（负向）。仅有坡度整体产生正向影响，其余均产生负向作用。进一步分析可以发现，直达性一直处于负向作用，坡度一直处于正向作用，人口密度、人均 GDP、栅格可达性及路网密度的正向负向作用均存在。

表 5 - 10   2015 年林地规模的地理加权回归模型评估

变量	均值	标准差	最小值	Q1	中位数	Q3	最大值	变化幅度
Intercept	- 0.0238	0.1642	- 0.4776	- 0.1252	- 0.0263	0.1198	0.2526	0.7302
人口密度	- 0.1548	0.0759	- 0.3809	- 0.2081	- 0.1423	- 0.1075	0.0867	0.4676
人均 GDP	- 0.0575	0.0589	- 0.2743	- 0.0979	- 0.0601	- 0.0105	0.1201	0.3944
坡度	0.6010	0.1605	0.0626	0.6084	0.6586	0.6947	0.7341	0.6715
栅格可达性	0.2507	0.1932	- 0.0027	0.1380	0.1922	0.2833	0.7946	0.7973
直达性	- 0.1530	0.0617	- 0.2559	- 0.1978	- 0.1700	- 0.1052	- 0.0275	0.2283
路网密度	- 0.0259	0.0247	- 0.0831	- 0.0463	- 0.0193	- 0.0057	0.0143	0.0973

（2）交通网络相关指标影响的空间分布特征。

对 GWR 模型回归结果中各个解释变量进行统计分析，得到道路交通相关的栅格可达性、直达性及路网密度等变量对不同土地利用类型规模影响的空间分布。从整体上分析，道路交通网络相关的栅格可达性、直达性及路网密度等变量对土地利用规模的影响存在很大的空间差异。

对于建设用地规模的影响，所有镇街栅格可达性对建设用地规模影响的回归系数均为负值，表示所有镇街的栅格可达性对建设用地规模产生正向影响。广州市中心城区外围镇街的正向影响最大，并且整体呈现出以广州中心城区为核心，向外逐渐递减的趋势。直达性所有镇街的回归系数均为正值，表明所有镇街的直达性对建设用地规模产生正向作用。在广州和佛山中心城区的正向作用最为微弱，并呈现出以此为中心向外围逐渐增强的特点，并且在深圳和东莞处于较高水平。路网密度仅有 120 个，即 20.65% 的镇街回归系数为负值，主要分布在肇庆市、江门市及深圳市部分镇街。负向作用最高的地区主要分布在广州市及深圳市部分镇街，整体呈现出以广州核心区镇街为核心的圈层分布特征。

对于耕地规模的影响，栅格可达性所有镇街的回归系数均为正值，表明所有镇街的栅格可达性水平对耕地规模产生负向影响。整体上肇庆、江门、中山、珠海及深圳的负向影响最小，广州市白云区及其周边的负向作用最大，且存在一个以广州中心城区为核心，影响作用向外先增加后减少的圈层结构。直达性共有 153 个，即 26.33% 的镇街回归系数为正，主要分布在广州市和佛山市。惠州市大部分地区、中山市及珠海市相连接小部分区域的负向作用最大，整体上珠江三角洲北部负向影响大，南部负向影响小。路网密度仅有 148 个，即 25.47% 的镇街回归系数为负值，主要分布在肇庆市及佛山市。其他 433 个镇街的回归系数为正值，正向作用最大的地区分布在惠州市中部，广州市整体的正向作用最小。

对于林地规模的影响，栅格可达性仅有 11 个，即 1.89% 的镇街为负值（正向作用），主要分布在肇庆市北部，表明此地区的栅格可达性对林地规模产生正向影响，其他 570 个镇街回归系数均为正值（负向作用），表明栅格可达性对林地规模产生负向影响，存在以广州天河区、海珠区及白云区等为核心向外围负向作用逐渐递减的圈层分布特征。直达性所有镇街的回归系数均为负值，表明所有镇街的直达性对林地规模产生负向影响。负向影响最大的区域主要分布在广佛连片区域及东莞—深圳—惠州连片区域，负向影响最小的区域主要分布在肇庆北部、广州北部及惠州北部。路网密度仅有 78 个，即 13.43% 的镇街回归系数为正值，主要分布在广州中心城区及肇庆市德庆县和高要区。其他 503 个镇街回归系数均为负值，负向作用呈现由北向南逐渐递减的趋势。

（3）其他指标影响的空间分布特征。

在重点分析道路交通可达性相关的栅格可达性、直达性及路网密度等对不同类型土地利用规模产生影响的基础上，为了进行更加深入的研究，对人口密度、人均 GDP 及坡度等指标的影响进行分析。从整体上分析，人口密度、人均 GDP 及坡度等指标对不同土地利用类型规模的影响存在很大的空间差异。对于建设用地，从人口密度来看，所有镇街呈现出与建设用地规模正相关的趋势，总体呈现出由珠江三角洲东部地区向西部地区递减的趋势，同时，在广州中心城区形成一个小的圈层分布结构。整体来看，在广州中心城区的正向作用最强，西北部的肇庆市次之，惠州、东莞及深圳大部分地区的正向作用最弱。从人均 GDP 来看，仅有 128 个，即 22% 的镇街呈现出与建设用地规模负相关的趋势，主要分布在广州市中心城区及肇庆市中部，且在广州市中心城区的负向作用最为明显，其他 453 个镇街呈现出正向作用。回归系数的分布整体呈现出沿珠江口到西北部平行分布的特征。从坡度来看，仅有 81 个，即 13.94% 的镇街呈现出与建设用地规模正相关的趋势，主要分布在广州市和佛山市的中心城区。其他 500 个镇街均呈现负向作用，且在东部地区的惠州、东莞及深圳的负向作用最强，中部的江门、珠海及佛山大部分地区的负向作用最弱。

对于耕地规模的影响，从人口密度来看，所有镇街呈现出与耕地规模负相关的趋势，整体上由珠江三角洲东南向西北方向负向作用逐渐减弱，且在广州中心城区形成一个小范围的圈层分布结构。整体来看，惠州、深圳、中山及珠海的负向作用最强，肇庆、江门次之，广州中心城区周边的负向作用最弱。从人均 GDP 来看，仅有 130 个，即 22.38% 的镇街呈现出耕地规模正相关的特征，主要分布在广州市和佛山市的大范围地区，且影响力由中心向外围地区递减。其他 451 个镇街均呈现出负向作用，在肇庆和江门市的负向作用最大。从坡度来看，坡度均与耕地规模呈负相关，在肇庆市西部，广州西部及佛山东部的负向作用最大，在深圳大部分地区的负向作用最小。整体上，核心地区负向作用较小，外围地区负向作用较大。

对于耕地规模的影响，从人口密度来看，仅有 10 个，即 1.72% 的镇街与林地规模呈正相关，主要分布在佛山市南海区及广州市白云区，其他 571 个镇街均呈现负相关。肇庆市西部的负向作用最大，广州和佛山连片区域，珠海、中山、东莞及深圳的负向作用最小。从人均 GDP 来看，仅有 99 个，即 17.04% 的镇街呈现出与林地规模正相关的特征，在广州市中心城区的海珠区及天河区的正向作用最大，深圳市、东莞市及惠州市连片区域的正向作用较小。其他 482 个镇街均呈现出负向作用，负向作用最大的地区分布在江门市、佛山市及广州市北部，整体上珠江三角洲西部地区负向作用高于东部地区。从坡度来看，坡度均与林地规模呈正相关，主要呈现出以广佛为核心向外围逐渐递减的趋势，且整体上东部和南部地区的正向影响较大。

通过不同因素对土地利用规模影响的空间分布分析可以发现，道路交通相关指标对土地利用规模的影响处于较高水平，对于耕地而言，不同因素的影响程度依次为栅格可达性（负值，正向作用）＞人口密度＞直达性＞坡度（负向，负向作用）＞路网密度（负向，负向作用）＞人均 GDP；对于耕地分布而言，影响依次为：人口密度（负向）＞坡度（负向）＞栅格可达性（正值，负向）＞直达性（负向）＞人均 GDP（负向）＞路网密度；对于林地而言，不同影响因素程度为坡度＞栅格可达性（正值，负向）＞人口密度（负向）＞直达性（负向）＞人均 GDP（负向）＞路网密度（负向）。不同因素对于建设用地、耕地及林地的影响程度存在较大的差异，整体上除去坡度的稳定影响外，栅格可达性的影响处于较高水平。

5.3.2　影响的时间演化

由于 GWR 模型的优势在于对影响因素的空间异质性进行研究，如果使用 GWR 模型进行时间演化特征的分析，则会由于参数较多导致不利于进行比较分析，因此，从便于比较分析且保证准确性的基础上进行模型的选取。

5.3.2.1　实证模型

空间自回归模型是空间计量经济学的重要组成部分，其主要研究模型设定、参数估计、模型设定的检验及空间预测四个方面的问题，是研究数据空间自相关性的重要研究方法。安列林（Anlelin，1988）出版了《Spatial Econometrics：Methods and Models》这一经典著作，使得空间计量模型的应用得到广泛的推广（Anselin，1988）。比较常用的空间自回归模型主要包括空间滞后模型（SLM）和空间误差模型（SEM）。

空间滞后模型主要研究在空间依赖性的前提下，被解释变量在某区域是否存在扩散现象，是在普通空间回归模型的基础上引入空间滞后变量，将空间位置上用地类型与其周边相邻位置上的变量联系在一起，将空间关联和空间依赖性通过空间溢出、空间扩散等空间相互作用来加以解释。空间滞后模型对因变量的空间相关性进行了考虑，即某一单元上属性值不仅与自变量有关，还与相邻区域单元的属性值有关系，空间滞后模型反映了对因变量产生影响的因素会通过空间传导机制对其他地区产生影响，空间滞后模型如 5 – 10 所示：

$$y = \rho Wy + X\beta + \varepsilon, \quad \varepsilon \sim N(0, \sigma^2 I) \tag{5 – 10}$$

式（5 – 10），中 y 是因变量，W 为空间权重矩阵，X 表示解释变量的 n × k 阶矩阵，ε 是白噪声，ρ 和 β 为变量系数。式（5 – 10）中，y 的变化不仅和邻接单元的因变量有关，与解释变量 X 也有关系。

空间误差模型主要研究误差项在空间上的相关性，是通过将误差项设定为空间自回归等形式，对测量误差等原因造成的冗余空间依赖现象加以形式表达，空间误差模型如（5-11）所示：

$$Y = X\beta + \varepsilon$$

$$\varepsilon = \lambda W \varepsilon + \mu \qquad (5-11)$$

式（5-11）中，W 表示空间权重矩阵，ε 是回归残差向量，λ 是自回归参数，衡量了样本观测值中的空间依赖作用，即相邻研究单元的观测值对本研究单元观察值的影响方向和程度，当研究单元之间的相互作用因所处的相对位置不同而存在差异时，采用这种模型解释力更好。

5.3.2.2　空间模型的估计与检验

普通最小二乘法（OLS）是经典的线性回归模型的最常见的估计方法，但并不是空间滞后及空间误差模型的可靠估计方法。如果使用 OLS 对模型进行估计，会导致估计结果存在偏差甚至是无效的。基于此，一般使用极大似然法（ML）、工具变量法（IV）等进行估计。在研究中，使用哪种模型更加符合实际情况无法直接确定，因此需要确定模型的选择标准。安瑟林（Anselin，1988）对模型选择的标准进行了研究，主要包括以下四点：第一，基于最小二乘回归进行初步的分析判断，主要根据拉格朗日乘数（LMLAG，LMERR）和稳健的拉格朗日乘数（R-LMLAG，R-LMERR）对结果进行初步判断；第二，如果 LMLAG 高于 LMERR 的统计显著性，R-LMLAG 统计上显著而 R-LMERR 统计上不显著，则空间滞后模型最优；第三，如果 LMLAG 低于 LMERR 的统计显著性，R-LMLAG 统计上呈不显著性则 R-LMERR 在统计上显著，则空间误差模型最优；第四，如果四个朗格朗日乘数都呈现出不显著特性，则 OLS 模最优（Anselin，1988）。在以上分析的基础上，还需要对模型回归的指标进行比较，主要包括以下四个指标：拟合优度（R^2）、对数似然值（Log likelihood）、施瓦茨准则（SC）及赤池信息准则（AIC）。拟合优度和对数似然值越大，施瓦茨准则和赤池信息准则值越小，自回归模型的拟合效果越好。

5.3.2.3 影响的时间演化特征分析

选取研究的五个时间截面，通过最优模型选取，研究珠江三角洲道路交通等指标对土地利用规模的影响。

（1）最优模型确定。

以 2015 年的数据为基础，通过比较 OLS 回归、空间误差模型及空间滞后模型的拟合结果，确定研究使用的最优回归模型。综合分析 2015 年建设用地、耕地和林地的普通最小二乘法、空间误差及空间滞后模型拟合的各项指标系数（表 5 - 11），通过比较各模型的拟合优度（R^2）、对数似然值（Log likelihood）、施瓦茨准则（SC）及赤池信息准则（AIC），选择拟合程度最优的回归模型。

首先，对建设用地、耕地和林地规模的三种拟合模型的 R^2 进行比较分析，空间误差模型（SEM）和空间滞后模型（SLM）远大于 OLS 模型，空间误差及空间滞后模型的 R^2 基本一致，但是空间误差模型的 R^2 均略高于空间滞后模型。进一步对三个模型的对数似然估计值、赤池信息准则及施瓦茨信息准则进行研究分析，建设用地、耕地及林地表现出相同的特征，即相较于 OLS 模型和空间误差模型，空间滞后模型的对数似然估计值最大且赤池信息准则和施瓦茨信息准则值最小，因此，对于建设用地、耕地及林地，空间误差模型（SEM）均优于空间滞后模型（SLM）和 OLS 模型。因此，选取空间误差模型（SEM）进行研究分析。

（2）总体特征分析。

以 1980 年、1990 年、2000 年、2010 年及 2015 年的研究数据为基础，使用空间误差模型（SEM）分别研究道路交通等指标对建设用地、耕地及林地的影响，结果如表 5 - 12、表 5 - 13 及表 5 - 14 所示。

表 5 - 11   模型拟合参数统计

用地类型	建设用地			耕地			林地		
	OLS	SEM	SLM	OLS	SEM	SLM	OLS	SEM	SLM
R^2	0.791	0.900	0.891	0.417	0.670	0.625	0.880	0.946	0.915
Log - Likelihood	-368.531	-205.623	-212.535	-667.283	-545.670	-567.007	-208.063	-34.341	-118.612
AIC	751.062	435.246	441.070	1348.570	1105.340	1150.010	430.126	82.682	253.223
SC	781.616	465.799	475.988	1379.120	1135.890	1184.930	460.679	113.235	288.141

表 5-12

建设用地规模影响系数分布

变量	1980 年		1990 年		2000 年		2010 年		2015 年	
	系数	排序	系数	排序	系数	排序	系数	排序	系数	排序
人口密度	0.111*	2	0.094**	2	0.083*	5	0.245***	2	0.222***	1
人均 GDP	0.103*	3	0.027	5	-0.035	6	0.006	6	0.007	5
坡度	-0.003	6	-0.004	6	-0.124***	4	-0.150***	4	-0.185***	4
栅格可达性	-0.059**	4	-0.051**	3	-0.145***	2	-0.201***	3	-0.198***	3
直达性	0.024	5	0.147***	1	0.127***	3	0.281***	1	0.215***	2
路网密度	0.143***	1	0.036*	4	-0.157***	1	-0.008	5	-0.001	6
R^2	0.781		0.876		0.863		0.896		0.900	
Log - Likelihood	-449.747		-307.190		-324.151		-219.350		-215.623	
AIC	913.493		628.380		662.303		452.699		445.246	
SC	944.047		658.933		692.856		483.252		475.799	

注：表中 ***，** 及 * 分别表示在 1%，5% 及 15% 的显著性水平下通过了检验，OLS 模型的 R^2 为调整后 R^2，下同。

表 5 - 13　　耕地规模影响系数分布

变量	1980 年 系数	1980 年 排序	1990 年 系数	1990 年 排序	2000 年 系数	2000 年 排序	2010 年 系数	2010 年 排序	2015 年 系数	2015 年 排序
人口密度	-0.087	6	-0.167***	2	-0.202***	2	-0.258***	2	-0.213***	2
人均 GDP	-0.104*	3	-0.162***	3	0.041	6	-0.106*	3	-0.205***	3
坡度	-0.528***	1	-0.544***	1	-0.506***	1	-0.566***	1	-0.540***	1
栅格可达性	-0.068**	4	-0.080**	4	0.012*	4	0.130***	4	0.097***	4
直达性	-0.063*	5	-0.024	6	-0.05	5	-0.058	5	-0.078	5
路网密度	0.118***	2	0.039	5	0.185***	3	0.024	6	0.038	6
R^2	0.704		0.695		0.657		0.664		0.67	
Log - Likelihood	-520.597		-529.081		-555.468		-550.684		-545.67	
AIC	1055.19		1072.16		1124.94		1115.37		1105.34	
SC	1085.75		1102.72		1155.49		1145.92		1135.89	

表 5 - 14　　林地规模影响系数分布

变量	1980 年		1990 年		2000 年		2010 年		2015 年	
	系数	排序	系数	排序	系数	排序	系数	排序	系数	排序
人口密度	-0.131***	2	-0.072***	3	-0.061*	4	-0.138***	3	-0.139***	2
人均 GDP	-0.042	5	-0.043	5	0.030	6	0.003	6	0.002	6
坡度	0.676***	1	0.662***	1	0.704***	1	0.659***	1	0.678***	1
栅格可达性	-0.025*	4	-0.017*	4	0.015*	5	0.056**	4	0.045**	4
直达性	-0.002	6	-0.086***	2	-0.081***	3	-0.175***	2	-0.122***	3
路网密度	-0.039**	3	-0.001	6	-0.090***	2	-0.013*	5	-0.022*	5
R²	0.897		0.907		0.923		0.944		0.946	
Log - Likelihood	-220.791		-200.223		-146.697		-39.876		-34.341	
AIC	455.582		414.446		307.393		93.751		82.682	
SC	486.135		445.000		337.947		124.305		113.235	

对 SEM 模型计算得出的回归系数进行分析，从整体上看，人口密度对建设用地规模一直产生正向作用，且正向作用非常显著；人均 GDP 对建设用地没有产生明显的作用，仅在 1980 年产生正向作用；坡度对建设用地没用产生明显的作用，仅在 2000 年产生负向作用；栅格可达性一直对建设用地规模产生正向作用，且作用力较强；直达性对建设用地产生显著的正向作用，其对建设用地的影响仅在 1980 年不显著；路网密度对建设用地规模的影响差异较大，仅在 1980 年及 2000 年产生显著影响，且在 1980 年为正向作用，在 2000 年呈负向作用。

对 SEM 模型计算得出的历年耕地回归系数进行分析，从整体上看，坡度对耕地规模影响最为显著，一直对耕地规模产生负向影响；人口密度除去 1980 年外，均对耕地规模产生负向影响；人均 GDP 除去 2000 年外，均对耕地规模产生负向影响；栅格可达性均对耕地规模产生显著影响，且存在正向和负向两种情况，时间以 2000 年为界，1980 年、1990 年系数为负，表明栅格可达性越好，其耕地规模越大，2000 年、2010 年及 2015 年系数为正，表明栅格可达性越好，其耕地规模越小；直达性对耕地规模的影响不显著，仅在 1980 年产生负向影响；路网密度仅在 1980 年和 2000 年产生正向影响。

对 SEM 模型计算得出的历年林地回归系数进行分析，从整体上看，坡度对林地规模影响最为显著，其一直对林地分布产生正向影响；人均 GDP 对历年的林地规模影响都不显著；人口密度均对林地规模产生负向影响；历年栅格可达性均对林地规模产生显著影响，且存在正向和负向两种情况，时间以 2000 年为界，1980 年、1990 年系数为负，表明栅格可达性越好，其林地规模越大，2000 年、2010 年及 2015 年系数为正，表明栅格可达性越好，其林地规模越小；直达性对林地规模的影响显著，仅在 1980 年不显著；路网密度均产生负向影响。

（3）时间演化特征分析。

以 1980 年、1990 年、2000 年、2010 年及 2015 年的研究数据为基础，使用空间误差模型（SEM）重点研究不同年份道路交通对建设用地、耕地及林地规模的影响，并进行梳理分析。

道路交通相关指标对于建设用地规模的影响较为显著，且直达性及栅格可达性的作用较为强烈。栅格可达性一直产生正向作用，且作用力较强；直达性产生显著的正向作用，其对建设用地的影响仅在 1980 年不显著；路网密度的影响差异较大，仅在 1980 年及 2000 年产生显著影响，且在 1980 年为正向作用，在 2000 年呈负向作用。为了进一步地对建设用地的规模影响因素进行分析，将历年各影响因素的重要程度按照回归系数的大小进行排序分析，如表 5 - 12 所示。直达性对建设用地的影响极为显著，除去 1980 年外，其他年份的正向影响均处于前三位。栅格可达性对建设用地的影响较为稳定，历年均表现出明显的正向作用，且基本稳定在前三的位置。路网密度对建设用地的影响变化较大，仅在 1980 年和 2000 年产生显著的作用，且均处于第一位，并且在 1980 年产生正向作用，2000 年产生负向作用。

对耕地规模的影响进行分析发现，道路交通等指标的影响较为显著，且以栅格可达性的影响最为显著。栅格可达性均对耕地规模产生显著影响，且存在正向和负向两种情况，时间以 2000 年为界，1980 年、1990 年产生正向作用，2000 年、2010 年及 2015 年产生负向作用；直达性对耕地规模的影响不显著，仅在 1980 年产生负向影响；路网密度仅在 1980 年和 2000 年产生正向影响。将历年各影响因素的重要程度按照回归系数的大小进行排序分析，如表 5 - 13 所示，栅格可达性的重要程度始终处于第四位，且是唯一改变影响方向的变量，这主要是由于 1980 年以后交通基础设施建设导致大量耕地占用的结果；路网密度对耕地规模的影响变化波动较大，仅在 1980 年及 2000 年处于较高水平，其他年份不显著；直达性的重要程度整体最低。

对林地规模的影响进行分析发现，道路交通等指标的影响较为显著，且以直达性的影响程度最高。栅格可达性均对林地规模产生显著影响，且存在正向和负向两种情况，时间以 2000 年为界，1980 年、1990 年产生正向作用，2000 年、2010 年及 2015 年产生负向作用；直达性对林地规模的影响显著，仅在 1980 年不显著；路网密度均产生负向影响。将历年各影响因素的重要程度按照回归系数的大小进行排序分析，如表 5-14 所示，直达性的重要程度最高，除了 1980 年影响不显著外，其他年份影响水平均处于第二、第三位，栅格可达性对林地规模的影响最为稳定，基本处于第四位，且在 2000 年由正向影响变成负向影响，路网密度对林地规模的影响变化较大，仅在 1980 年及 2000 年处于较高水平，其他年份影响较小。

在重点分析道路交通相关的栅格可达性、直达性及路网密度等变量对不同土地利用规模影响的时间演化特征分析的基础上，为了进行更加深入的研究，对人口密度、人均 GDP 及坡度等指标的影响也进行进一步分析。

对于建设用地规模的影响，人口密度对建设用地规模一直产生正向作用，且正向作用非常显著；人均 GDP 对建设用地没有产生明显的作用，仅在 1980 年产生正向作用；坡度对建设用地未产生明显的作用，仅在 2000 年产生负向作用。将历年各影响因素的重要程度按照回归系数的大小进行排序分析，如表 5-12 所示，人口密度对建设用地的影响最为显著，除去 2000 年的影响较弱外，其他年份的正向作用均处在前两位。人均 GDP 对建设用地规模的影响不显著，仅在 1980 年表现出正向作用，其他年份均不显著。坡度对建设用地的影响在 1980 年和 1990 年不显著，在 2000 年、2010 年及 2015 年产生显著的负向作用。

对于耕地规模的影响，坡度对耕地规模影响最为显著，始终产生负向影响；人口密度除去 1980 年外，均对耕地规模产生负向影响；人均 GDP 除去 2000 年外，均对耕地规模产生负向影响。将历年各影响因素的重要程度按照回归系数的大小进行排序分析，如表 5-13 所示，坡度的重要程度始终处于第一位，且回归系数基本保持稳定；人口密度和人均 GDP 的重要程度及系数变化较大，但整体上处于较为重要的地位。

对林地规模的影响而言，坡度对林地规模影响最为显著，且始终产生正向影响；人均 GDP 对历年林地规模影响都不显著；人口密度对林地规模产生负向影响。将历年各影响因素的重要程度按照回归系数的大小进行排序分析，如表 5 - 14 所示，坡度的重要程度始终处于第一位，且回归系数基本保持稳定；人均 GDP 对林地规模影响完全不显著；历年的人口密度对林地规模表现出明显的负向影响，且整体回归系数较大。

通过不同影响因素对土地利用规模影响的时间演化特征进行分析可以发现，建设用地、耕地及林地规模的拟合均以空间误差模型（SEM）最优。同时，不同因素在不同时间段的影响程度和方向存在差异，栅格可达性对建设用地规模产生较强的正向作用，对耕地及林地规模产生正向和负向两种作用，直达性主要对建设用地规模产生正向作用，路网密度的影响差异较大。整体上，除去坡度的稳定影响外，栅格可达性的影响最为稳定且处于较高水平。

5.4　道路交通对土地利用变化的影响

在道路交通对土地利用规模影响的基础上，为了进一步研究道路交通对土地利用变化情况的影响，基于互联网地图、POI 设施点、土地利用及经济社会发展数据，以 1990—2015 年的土地利用变化情况为基础，详细、有针对性地分析道路交通发展对土地利用变化及城市群经济社会发展的影响。

5.4.1　基于互联网地图的道路交通发展分析

随着互联网地图的发展，因其拥有包括高速出入口、道路互通关系以及精细到小区道路级别的完善详细路网信息，且面向用户提供免费的点到点导航服务，使用其进行交通出行时间及距离计算比运用 GIS 技术的模拟更贴近真实情况（谢栋灿，2016；刘永伟，2019），因此基于互联网地图进行镇街尺度的道路交通可达性计算分析。

基于互联网地图 API 获取的 OD 点距离及时间来测算交通可达性，测算时间为 2018 年 2 月 4 日。基于小时圈概念，为了最大限度地区别各镇街的交通可达性差异，以镇街政府所在地为中心，选取非交通拥堵时段计算 20 分钟的可达范围。统计可达范围内医疗设施、购物商店及学校的总数量，医疗设施、购物商店及学校来自兴趣点（POI）数据。交通可达性主要包括三个指标，第一个是各镇街中心 20 分钟可达范围内能够到达的医疗设施、购物商店及学校的设施总数量（ACC_NUM-TOT）；第二个是各镇街中心到最近的医疗设施、购物商店及学校的出行总时间（ACC_TIMTOT）；第三个是各镇街中心到所属城市中心的出行时间（ACC_TIMCEN）。

统计各镇街 20 分钟可达范围内医疗设施、购物商店及学校的总数量（ACC_NUMTOT），以此对珠江三角洲各镇街的交通可达性水平进行分析，各镇街 20 分钟可达的设施点数量表现出明显的空间异质性，广州、佛山、深圳、中山及惠州等地区的中心城区镇街分布数量较多，尤其是广州—佛山存在连片高值区域，整体上广州、佛山、深圳、东莞、惠州及中山等地的中心城区镇街较高，肇庆、江门及惠州外围地区整体处于较低水平。

获得各镇街最邻近设施点的坐标，输入 O（镇街政府驻地点）、D（最邻近设施点）点坐标，选择非交通拥堵时段的驾车方式计算各镇街到最邻近设施点的出行时间总和（ACC_TIMTOT），整体上比 20 分钟设施点总数量更加均匀，差异较小，没有形成明显的区域集聚中心，高值区域主要集中在各地区的偏远镇街，中心区镇街出行时间均较少。整体上，最邻近设施点的出行时间总和（ACC_TIMTOT）较高的地区大部分处于外围地区，中心地区的广州、深圳、佛山等较小。

各镇街中心到所属城市中心的出行时间（ACC_TIMCEN）计算方式与 ACC_TIMTOT 相同，整体表现出两个特征，首先是在不同城市内部的圈层结构明显，出行时间由城市中心向外逐渐增加；其次在整体上表现出由广州、佛山、东莞及深圳为中心向外围逐渐增加的趋势,核心区路网发达,外围地区仅有少数道路将各镇街连通是形成这一趋势的最主要原因。

　　通过分析可以发现,珠江三角洲的交通可达性与各地区经济发展水平存在高度的一致性,核心地区高、外围地区低的特征明显,ACC_NUMTOT 空间分异特征十分明显,广州、佛山等中心区较高,肇庆、江门及惠州外围区县整体处于较低水平。ACC_TIMTOT 差异较小,这表明了不同镇街可以获得教育、医疗及市场服务的差距较小,整体公平性较高。ACC_TIMCEN 表现出以各自城市为中心的圈层结构特征及整体上以珠江三角洲核心区为核心的圈层结构特征。

5.4.2　研究变量选取

　　以 581 个镇街为单位研究交通可达性对城市群土地利用变化和经济社会发展的影响,主要使用交通可达性、土地利用及经济社会发展三种类型的变量。①土地利用变量:1990 — 2015 年各地类占比改变量,使用 2015 年占比减去 1990 年占比获得,用 CLU15_90、FOR15_90、GRA15_90、WAT15_90、CON15_90 及 UNU15_90 表示。②交通可达性变量:三个交通可达性变量分别是 ACC_NUMTOT、ACC_TIMTOT 及 ACC_TIMCEN。③经济社会发展变量:选取人口密度(用 DPOP)及人均 GDP(PGDP)两个指标来表示。

5.4.3　道路交通对土地利用变化影响的实证分析

　　首先通过相关系数矩阵分析交通可达性对土地利用变化及经济社会发展的影响,在此基础上,分别将交通可达性变量与 1990 — 2015 年各地类占比改变量及经济社会发展变量分别进行主成分分析,选取第一主成分为横轴,第二主成分为纵轴做散点图进行研究。相关系数矩阵计算结果如表 5 - 15 所示,主成分分析散点图如图 5 - 1 所示,图 5 - 1(a)

表 5－15　　道路交通、土地利用变化及经济社会发展相关系数矩阵

变量	ACC_NUMTOT	ACC_TIMCEN	ACC_TIMTOT	CLU15_90	FOR15_90	GRA15_90	WAT15_90	CON15_90	UNU15_90	PGDP
ACC_TIMCEN	-0.541**									
ACC_TIMTOT	-0.210**	0.460**								
CLU15_90	-0.02	0.274**	0.144**							
FOR15_90	0.019	0.239**	0.089*	0.023						
GRA15_90	-0.044	0.168**	0.072	0.113**	0.307**					
WAT15_90	-0.145**	0.228**	0.113**	0.088*	-0.033	0.038				
CON15_90	0.074	-0.425**	-0.200**	-0.692**	-0.551**	-0.361**	-0.500**			
UNU15_90	0.001	0.081	0.047	-0.026	0.104*	0.047	0.019	-0.161**		
PGDP	0.448**	-0.584**	-0.150**	-0.115**	-0.396**	-0.225**	-0.144**	0.380**	-0.153**	
DPOP	0.453**	-0.530**	-0.129**	-0.118**	-0.358**	-0.392**	-0.226**	0.406**	-0.032	0.791**

注：** 表示在 0.01 的水平（双侧）上显著相关，* 表示在 0.05 水平（双侧）上显著相关。

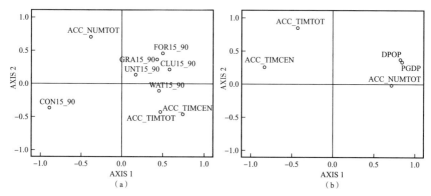

图 5 - 1　主成分分析结果散点图

注：图 a 为道路交通与各地类占比改变量的主成分散点图，其中前两个主成分的贡献率达到 46.22%，第一、第二主成分分别为 30.14% 和 16.08%；图 b 为道路交通与经济社会发展的主成分分析散点图，图 b 中前两个主成分的贡献率为 76.72%，第一、第二主成分分别为 56.16% 和 20.56%。

为交通可达性与各地类占比改变量的主成分散点图，图 5 - 1（b）为交通可达性与经济社会发展的主成分分析散点图。

通过对图 5 - 1（a）及表 5 - 15 分析交通可达性对土地利用变化的影响，ACC_NUMTOT 在轴 1 和轴 2 上均与水域变化呈负相关，与建设用地等地类变化的相关性不大，表明了设施点数量对土地利用变化的影响力较弱。ACC_TIMCEN 在轴 1 与轴 2 上均与水域变化呈正相关，在轴 1 上与建设用地变化呈负相关，与耕地、林地及草地变化呈正相关，表明了距离所属城市中心越远的镇街，其建设用地增加比例越小，耕地、林地、草地、水域的减少比例越小，离城市中心越近的镇街，其建设用地增加比例越大，耕地、林地、草地、水域的减少比例越大。ACC_TIMTOT 与 ACC_TIMCEN 的特征基本一致，在轴 1 上和轴 2 上均与水域变化呈现正相关，在轴 1 上与建设用地变化呈现负相关，与耕地、林地变化呈现正相关，表明了到周边设施的累积出行时间越长，整体交通水平越差的镇街，其建设用地增加比例越小，耕地、林地、水域的减少比例越小，到周边设施累积出行时间越短，整体交通水平越高的镇街，其建设用地增加比例越大，耕地、林地及水域的减少比例也越大。ACC_TIMTOT 和 ACC_TIMCEN 与土地利用变化有着显著的关系，交通可达性水平越高的镇街（设施总量多、到设施点时间和到城市中心时间短）由林地、耕地等转变为建设用地的程度越大，交通可达性水平越低的镇街（设施总量少、到设施点时间和到城市中心时间长）转变程度越小。ACC_NUMTOT 与土地利用变化的相关性较弱，表明了在高度发达的城市群地区，由于基础设施布局的全面、合理及公平，设施点的多少对土地利用变化的影响已经变得很弱。同时值得注意的是，在水系河网发达的珠江三角洲城市群，ACC_TIMTOT、ACC_TIMCEN 及 ACC_NUMTOT 均对水体向建设用地的转化产生显著的促进作用，交通基础设施的建设对珠江三角洲水系产生了显著的影响。结合散点图的象限分布可以发现，建设用地的变化与耕地、林地、未利用地及草地始终处于相反的方向，且建设用地与林地和耕地的差异性最明显。交通可达性越高的镇街其建设用地的变化越大，且 ACC_TIMCEN 对建设用地变化的影响最大，表明距离城市的远近成为其他用地向建设用地转变最重要的驱动力。

通过对图 5-1（b）及表 5-15 分析交通可达性对经济社会发展的影响，在轴 1 上 ACC_NUMTOT 与 DPOP 和 PGDP 均呈现正相关，ACC_TIMTOT 和 ACC_TIMCEN 均与 DPOP 和 PGDP 呈现负相关，表明了交通可达性水平高的镇街其 DPOP 和 PGDP 也较高，交通可达性水平低的镇街其 DPOP 和 PGDP 也较低，证明了交通可达性对地区经济社会发展的显著促进作用。同时散点图中 DPOP 和 PGDP 几乎趋于同一点，表明 DPOP 和 PGDP 的分布特征表现出相似性。

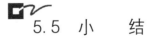

5.5 小 结

使用相关系数分析方法探究道路交通相关的栅格可达性、直达性、邻近度及路网密度指标与土地利用规模存在的相互关系的实证研究表明，道路交通与土地利用规模的相关关系非常显著，尤其是以栅格可达性表征的区域可达性水平与土地利用规模的相关性最强。同时，道路交通与土地利用规模的关系因土地利用/覆盖类型的不同而存在差异，与之相关的地类主要有建设用地、耕地、林地。

因为 GWR 模型可以较为准确地反映出不同研究单元中各影响因素的影响程度值，因此影响的空间分布特征采用 GWR 模型进行研究，研究表明不同影响因素对于建设用地、耕地及林地的影响程度和方向存在较大的差异，但是从整体看，各个影响系数的空间分布均呈现以广州市中心城区为中心，向外逐渐改变的趋势，而且整体存在的两极化分布趋势非常明显。通过比较 OLS 回归、空间误差模型及空间滞后模型的结果，建设用地、耕地及林地分布的拟合均以空间误差模型最优。通过采用空间误差模型的研究结果表明，不同因素对于建设用地、耕地及林地的影响程度存在较大的差异，但整体呈现出以广州市中心城区为中心，向外逐渐改变的圈层分布结构。同时，不同因素在不同时间段的影响程度和方向存在差异，坡度对耕地及林地分布的影响最为显著，人口密度和人均 GDP 表现出较大的差异性，栅格可达性对建设用地产生较强的正向作用，对耕地及林地产生正向和负向两种作用，直达性主要对建设用地产生正向作用，路网密度的影响差异较大。整体上，除去坡度的稳定影响外，栅格可达性的影响最为稳定且处于较高水平。

为了进一步分析道路交通对土地利用变化和经济发展的影响，尝试通过时效性强、成本低及信息丰富全面的互联网地图数据计算镇街尺度的道路交通可达性水平，在此基础上研究了道路交通对土地利用变化及经济社会发展的影响，研究表明，交通可达性对土地利用变化及经济社会发展均存在显著的影响。交通可达性对土地利用变化的影响更加复杂，ACC_TIMCEN 和 ACC_TIMTOT 越低的镇街（交通可达性水平较高）由林地、耕地等转化为建设用地的程度越大，ACC_TIMTOT 和 ACC_

TIMCEN 越高的镇街（可达性水平低）转化程度越小，ACC_NUMTOT 对土地利用变化的影响较弱。交通可达性水平高的镇街，DPOP 和 PGDP 也较高，表明了交通可达性对地区经济社会发展水平的显著促进作用。

第 6 章

案例区道路交通对景观格局的影响

土地利用在空间上表现出破碎化、多样性等特征，作为这一特征更进一步及更深层次的表征，景观格局不仅能体现不同土地利用类型的组分构成及其空间分布形式，而且能够根据研究需求对研究区域整体及区域内不同的土地利用类型进行分别研究。在道路交通对建设用地、耕地及林地等不同土地利用类型的规模进行研究的基础上，进一步对不同土地利用类型所表现出的破碎化、多样性等景观格局特征进行分析。

6.1 道路交通对景观格局影响的空间分布

基于第 5 章的研究，本部分研究道路交通对区域整体土地利用表现出的景观格局特征的影响。选取表征研究区破碎化程度的斑块密度（PD）、形状特征的平均边缘面积比（PARA_MN）、斑块聚集程度的斑块聚集度指数（AI）及多样性特征的香浓多样性指数（SHDI）进行量化分析。同时，为了增加可比性，研究依然选取栅格可达性、直达性及路网密度等道路交通相关指标及坡度、人口密度、人均 GDP 作为影响因素进行分析。

6.1.1　实证模型

研究使用 GWR 模型来探讨道路交通对景观格局影响的空间分布差异，在进行建模之前，需要对表征景观格局的景观指数进行空间自相关检验。对 1980 年、1990 年、2000 年、2010 年及 2015 年的斑块密度（PD）、平均边缘面积比（PARA_MN）、斑块聚集度指数（AI）及香浓多样性指数（SHDI）的空间自相关性进行检验。使用 Geoda 软件分别计算五个年份的全局空间自相关指数 Moran's I 值，显著性检验使用蒙特卡罗模拟方法的 999 序列进行，结果如表 6 - 1 所示。

通过 Moran's I 值的分析可以发现，历年的 PD、PARA_MN、AI 及 SHDI 值均为正值，且都通过了显著性水平为 0.01 的假设检验，表明了历年的景观格局指数的分布存在显著的正的空间自相关性，可以进行空间回归建模。

6.1.2　影响的空间分布

以 2015 年为研究对象，分别以表征研究区破碎化程度的斑块密度（PD）、形状特征的平均边缘面积比（PARA_MN）、斑块聚集程度的斑块聚集度指数（AI）及多样性特征的香浓多样性指数（SHDI）为因变量，以 2015 年的人口密度、人均 GDP、坡度、栅格可达性、直达性及路网密度作为自变量进行 GWR 的模型构建，分析不同影响因素对景观格局的影响。

表 6 - 1　景观格局指数的 Moran's I 值

景观格局指数	1980 年		1990 年		2000 年		2010 年		2015 年	
	Moran's I	P 值	Moran's I	P 值	Moran's I	P 值	Moran's I	P 值	Moran's I	P 值
PD	0.600	0.001	0.582	0.001	0.599	0.001	0.628	0.001	0.631	0.001
PARA_MN	0.692	0.001	0.682	0.001	0.642	0.001	0.662	0.001	0.711	0.001
SHDI	0.692	0.001	0.696	0.001	0.719	0.001	0.735	0.001	0.733	0.001
AI	0.636	0.001	0.628	0.001	0.639	0.001	0.639	0.001	0.637	0.001

6.1.2.1 总体特征分析

以 GWR 模型研究的道路交通相关的栅格可达性、直达性及路网密度指标及坡度、人口密度及人均 GDP 等其他指标影响的结果为基础，从总体上分析不同因素对景观格局的影响。GWR 模型的构建采用 GWR 4 软件进行，采用 Gauss 函数来构建加权函数，使用 AICC 方法与固定核函数确定最优带宽。

基于 GWR 4 软件的计算结果，分别对表征研究区破碎化程度的斑块密度（PD）、形状特征的平均边缘面积比（PARA_MN）、斑块聚集程度的斑块聚集度指数（AI）及多样性特征的香浓多样性指数（SHDI）的总体影响进行分析。

对表征土地利用破碎化程度的斑块密度（PD）的影响因素进行分析，其回归拟合系数为 0.545，整体拟合效果较好。将解释变量的回归系数进行统计，如表 6 - 2 所示。表中系数平均值反映了各变量对 PD 分布的平均贡献，变量排序依次为：坡度（负向）＞栅格可达性（正值，正向作用）＞人口密度（负向）＞直达性（负向）＞路网密度＞人均 GDP（负向），仅有栅格可达性和路网密度整体呈现正向作用，其余总体呈现负向作用。进一步对各影响因素的最大值、Q1、中位数、Q3 及最小值分析可以发现，坡度一直处于负向作用，路网密度一直处于正向作用，人口密度、人均 GDP、直达性、栅格可达性存在正向、负向作用两种情况。

表 6 - 2　　　　土地利用破碎化程度的地理加权回归模型估计

变量	均值	标准差	最小值	Q1	中位数	Q3	最大值	变化幅度
Intercept	0.207	0.436	- 0.416	- 0.122	0.197	0.352	1.525	1.941
人口密度	- 0.289	0.432	- 1.926	- 0.342	- 0.196	- 0.010	0.211	2.137
人均 GDP	- 0.037	0.290	- 0.393	- 0.224	- 0.098	0.039	1.169	1.561

变量	均值	标准差	最小值	Q1	中位数	Q3	最大值	变化幅度
坡度	− 0.601	0.248	− 1.551	− 0.659	− 0.562	− 0.472	− 0.195	1.355
栅格可达性	0.430	0.617	− 0.099	0.027	0.101	0.693	2.148	2.247
直达性	− 0.258	0.149	− 0.547	− 0.368	− 0.285	− 0.167	0.093	0.640
路网密度	0.084	0.062	0.022	0.040	0.062	0.089	0.267	0.245

对表征土地利用形状特征的平均边缘面积比（PARA_MN）的影响因素进行分析，其回归拟合系数为 0.537，整体拟合效果较好，如表 6 – 3 所示。各变量平均贡献依次为：直达性（负向）>栅格可达性（正值，负向作用）>坡度（负向）>人口密度>人均 GDP>路网密度。人口密度、人均 GDP 及路网密度整体呈现正向作用，其余变量总体呈现负向作用。进一步对各影响因素的最大值、Q1、中位数、Q3 及最小值分析可以发现，所有变量均存在正向和负向两种作用。

表 6 – 3　　　　土地利用形状特征的地理加权回归模型估计

变量	均值	标准差	最小值	Q1	中位数	Q3	最大值	变化幅度
Intercept	0.243	0.509	− 0.332	− 0.120	0.152	0.336	2.009	2.341
人口密度	0.127	0.427	− 1.763	0.057	0.151	0.393	0.988	2.751
人均 GDP	0.122	0.415	− 0.464	− 0.081	0.055	0.110	1.908	2.372
坡度	− 0.353	0.395	− 1.760	− 0.431	− 0.251	− 0.123	0.093	1.853
栅格可达性	0.487	0.820	− 0.043	0.071	0.151	0.301	3.191	3.234
直达性	− 0.608	0.323	− 0.895	− 0.824	− 0.775	− 0.508	0.230	1.125
路网密度	0.013	0.126	− 0.356	− 0.015	0.056	0.080	0.176	0.532

对表征土地利用聚集特征的斑块聚集度指数（AI）的影响因素进行分析，回归拟合系数为 0.642，整体拟合效果较好，如表 6 – 4 所

示。各解释变量的平均贡献依次为：坡度 > 人口密度 > 栅格可达性（负值，正向作用）> 直达性 > 人均 GDP > 路网密度（负向）。只有路网密度整体呈现负向作用，其余变量总体呈现正向作用。进一步对各影响因素的最大值、Q1、中位数、Q3 及最小值分析可以发现，坡度均呈现正向作用，路网密度均呈现负向作用，其余变量存在正向和负向两种作用。

表 6 - 4　　　　　土地利用聚集特征的地理加权回归模型估计

变量	均值	标准差	最小值	Q1	中位数	Q3	最大值	变化幅度
Intercept	-0.161	0.317	-1.266	-0.233	-0.116	0.066	0.244	1.509
人口密度	0.462	0.409	-0.062	0.109	0.405	0.721	1.826	1.888
人均 GDP	0.102	0.277	-1.024	-0.002	0.182	0.294	0.444	1.468
坡度	0.599	0.183	0.201	0.485	0.623	0.716	1.213	1.011
栅格可达性	-0.407	0.586	-1.941	-0.692	-0.096	-0.004	0.129	2.070
直达性	0.244	0.131	-0.075	0.171	0.280	0.331	0.484	0.559
路网密度	-0.054	0.026	-0.168	-0.068	-0.049	-0.034	-0.016	0.153

对表征土地利用多样性特征的香浓多样性指数（SHDI）的影响因素进行分析，模型回归拟合系数为 0.757，整体拟合效果较好，如表 6 - 5 所示。各解释变量的平均贡献大小依次为：人口密度（负向）> 坡度（负向）> 栅格可达性（正值，负向作用）> 直达性（负向）> 路网密度 > 人均 GDP。只有人均 GDP 和路网密度整体呈现正向作用，其他变量总体呈现负向作用。进一步对各影响因素的最大值、Q1、中位数、Q3 及最小值分析可以发现，只有坡度和直达性一直呈现负向作用，其余变量均存在正向和负向两种作用。

表 6-5　　　　土地利用多样性特征的地理加权回归模型估计

变量	均值	标准差	最小值	Q1	中位数	Q3	最大值	变化幅度
Intercept	0.206	0.323	-0.190	-0.053	0.181	0.363	1.254	1.444
人口密度	-0.564	0.509	-2.379	-0.855	-0.481	-0.100	0.001	2.380
人均 GDP	0.016	0.323	-0.329	-0.231	-0.037	0.114	1.363	1.692
坡度	-0.522	0.194	-1.051	-0.690	-0.528	-0.359	-0.178	0.873
栅格可达性	0.400	0.597	-0.270	-0.043	0.180	0.682	1.872	2.142
直达性	-0.361	0.092	-0.508	-0.424	-0.386	-0.317	-0.123	0.385
路网密度	0.024	0.035	-0.037	-0.004	0.017	0.045	0.104	0.141

6.1.2.2　道路交通相关因素的空间分布

对 GWR 模型回归结果中各个解释变量的回归系数进行研究，从整体上看，道路交通相关的栅格可达性、直达性及路网密度等变量对景观格局的影响存在很大的空间差异。

针对土地利用破碎化程度，栅格可达性仅有 100 个，即 17.21%的镇街呈现出正向（负值）影响，主要分布在珠江三角洲南部的江门、珠海及中山等地区。其余 481 个镇街均呈现出负向（正值）作用，且广州和佛山连片区域的负向作用最大，并且呈现出以其为核心向外递减的趋势。直达性的仅有 40 个，即 6.89%的镇街呈现出正向影响，主要分布在广州和佛山连片区域，其余 541 个镇街均表现出负向影响，负向影响最大的区域分布在惠州市，并且呈现出由东部向西部负向影响逐渐减弱的趋势。从路网密度来看，所有镇街的回归系数均为正值，表明所有镇街的路网密度均产生正向作用。肇庆、江门及广州北部、惠州北部的正向作用最小，整体呈现出由西北地区向东南地区递减的趋势。

针对土地利用形状特征，栅格可达性的影响仅有 44 个，即 7.57%

的镇街呈现正向（负值）影响，主要分布在江门及中山市。其余537个镇街均表现出负向（正值）影响，负向作用在广州市中心城区最大，且整体呈现出以广州中心城区向外递减的趋势。直达性的影响仅有57个，即9.81%的镇街呈现出正向作用，主要分布在深圳市，其余524个镇街均呈现出负向作用，且负向作用呈现出由西北地区向东南地区递减的趋势。路网密度有163个，即28.06%的镇街回归系数为负值，主要分布在珠江三角洲东部，且以深圳、东莞及惠州连片区域的负向影响最为显著。其余418个镇街回归系数均为正值，正向作用以广州最高，且以其为核心向外围递减。

针对土地利用聚集特征，栅格可达性仅有139个，即23.92%的镇街呈现出负向（正值）作用，主要分布在珠江三角洲外围的肇庆、江门及惠州等地区。其余442个镇街均表现出正向（负值）作用，且正向作用整体呈现出以广州为中心向外递减的趋势。直达性仅有42个，即23.92%的镇街呈现出负向作用，主要分布在广州和佛山连片区域。其余442个镇街均呈现出正向作用，正向作用整体呈现出以广州和佛山为中心向外围递减的趋势。路网密度所有镇街回归系数均为负值，表明所有镇街的路网密度均产生负向作用，惠州中部的负向作用最大，珠江三角洲外围的肇庆、江门、广州北部及惠州北部的负向作用最小。其余地区呈现出以广州市中心城区向外负向作用逐渐递减的趋势。

针对土地利用多样性特征，栅格可达性有203个，即34.94%的镇街呈现出正向作用（负值），主要分布在肇庆、江门及惠州。其余378个镇街均表现出负向作用（正值），且在广州中心城区的负向作用最大，负向作用整体呈现出以广州为中心向外递减的趋势。直达性所有镇街回归系数均为负值，表明所有镇街的直达性均产生负向作用，且负向作用整体呈现出以广州和佛山为核心向外递减的趋势。路网密度仅有170个，即29.26%的镇街回归系数为负值，主要分布在肇庆和惠州等地区。其余411个镇街均为正向作用，正向作用最高的地区主要分布在广州和佛山连片区域，且以其为中心向外围递减。

6.1.2.3　其他因素的空间分布特征

在重点分析道路交通相关的栅格可达性、直达性及路网密度等变量对景观格局影响的基础上，为了进行更加深入的研究，对人口密度、人均 GDP 及坡度等指标的影响进行分析。从整体上分析，人口密度、人均 GDP 及坡度等指标对景观格局的影响存在很大的空间差异。具体来看：

针对土地利用破碎化程度，人口密度均产生负向影响，广州市中心城区负向作用最强，并且从广州市中心城区向外负向作用递减，使广州和佛山成为整体的影响高值区域。珠江三角洲外围地区的肇庆、江门及惠州等整体处于较低水平。从人均 GDP 来看，共有 190 个，即 32.7% 的镇街呈现出正向作用，主要分布在广州和佛山的核心区域及肇庆市大部分地区，其在广州市中心城区的正向作用最大，其他 391 个镇街呈现负向作用。相关系数的分布整体呈现出沿珠江口到西北部平行分布的特征。从坡度来看，所有镇街的回归系数均为负值，表明所有镇街的坡度均产生负向的影响，广州市中心城区镇街的负向影响最大，并且整体呈现出以广州中心城区为核心，向外逐渐递减的趋势。

针对土地利用形状特征，17.38% 的镇街产生负向影响，主要分布在广州及东莞，且以广州市中心城区的负向作用最强。其余 480 个镇街均表现出正向影响，正向作用整体呈现出由西北向东南递减的趋势。从人均 GDP 来看，共有 184 个，即 31.67% 的镇街呈现出负向作用，主要分布在肇庆、佛山及广州。其余 397 个镇街表现出负向作用，负向作用最大的地区分布在广州市中心城区。从坡度来看，共有 85 个，即 14.63% 的镇街呈现出正向作用，主要分布在惠州、东莞及深圳。其余 496 个镇街均表现出负向作用，负向作用最大的区域主要分布在广州和佛山，且整体呈现出以广州中心城区向外递减的趋势。

针对土地利用聚集特征，5.16%的镇街产生负向作用，主要分布在珠海及中山市。其余551个镇街均产生正向影响，且广州中心城区的正向影响最大，正向作用整体呈现出以广州中心城区向外递减的趋势。从人均GDP来看，共有149个，即25.65%的镇街呈现出负向作用，主要分布在肇庆北部及广州和佛山连片区域，以广州中心城区的负向作用最大。其余432个镇街均为正向作用，且正向作用呈现出由东南向西北递减的趋势。从坡度来看，所有镇街均表现出正向作用，且在深圳及广州的正向作用最小，在广州和佛山连片区域的正向作用最大，正向作用整体呈现出由西北地区向东南地区递减的趋势。

针对土地利用多样性特征，人口密度仅有广州市白云区均禾街道为正值，且系数极小，表明了人口密度的影响以负向作用为主，且负向作用最高的区域位于广州市中心城区，且呈现出以其为中心向外递减的趋势，整体上东部地区负向作用小于西部地区。从人均GDP来看，共有269个，即46.30%的镇街呈现出正向作用，主要分布在惠州、佛山、江门及广州，且以广州中心城区的正向作用最大。312个镇街呈现负向影响，主要分布在惠州、东莞、深圳及中山等。从坡度来看，所有镇街均表现出负向作用，在广州中心城区的负向作用最大，在广州市天河区、白云区及深圳、中山等地区负向作用最小，相关系数的分布整体呈现出沿珠江口到西北部平行分布的特征。

通过道路交通对景观格局影响的空间分布特征可以发现，道路交通相关指标对景观格局的影响处于较高水平，整体上，对于PD分布的影响依次为：坡度（负向）>栅格可达性（正值，正向作用）>人口密度（负向）>直达性（负向）>道路密度>人均GDP（负向）；对PARA_MN分布影响依次为：直达性（负向）>栅格可达性（正值，正向作用）>坡度（负向）>人口密度>人均GDP>道路密度；对AI分布的影响依次为：坡度>人口密度>栅格可达性（负值，正向作用）>直

达性 > 人均 GDP > 道路密度（负向）；对 SHDI 分布的影响依次为：人口密度（负向）> 坡度（负向）> 栅格可达性（正值，负向作用）> 直达性（负向）> 道路密度 > 人均 GDP。不同因素对不同地类的影响存在较大差异：坡度的影响最为显著，直达性的影响处于较高水平，栅格可达性的影响力也较强。

6.2　道路交通对景观格局影响的时间演化

选取 1980 年、1990 年、2000 年、2010 年及 2015 年五个时间截面，研究道路交通对景观格局影响的时间演化特征。

6.2.1　最优模型确定

以 2015 年的数据为基础，通过比较 OLS 回归模型、空间误差模型及空间滞后模型的拟合结果，确定本研究使用的最优回归模型。综合比较 PD、PARA_MN、AI 及 SHDI 的普通最小二乘法、空间误差模型及空间滞后模型所得的各项指标系数，如表 6 - 6 所示，并比较各模型的 R^2、Log - Likelihood、AIC 及 SC 值进行最优模型选择，进而对影响的时间演化特征进行分析。

首先对 2015 年 PD、PARA_MN、AI 及 SHDI 的普通最小二乘法、空间误差模型及空间滞后模型的拟合优度 R^2 进行比较，空间误差模型和空间滞后模型的 R^2 远大于 OLS 模型，空间误差模型和空间滞后模型的 R^2 基本一致，但是整体上空间误差模型的 R^2 均略高于空间滞后模型，表明了以空间误差模型的拟合优度高于空间滞后模型，且两者远远高于 OLS 模型。

表6-6　　模型拟合参数统计

变量	PD			PARA_MN			AI			SHDI		
	OLS	SEM	SLM	OLS	SEM	SLM	OLS	SEM	SLM	OLS	SEM	SLM
R^2	0.299	0.675	0.64	0.3	0.709	0.711	0.48	0.704	0.67	0.579	0.788	0.774
Log-Likelihood	-717.83	-549.98	-565.7	-717	-527.3	-514	-631.1	-514.6	-528.2	-569.5	-425.44	-423.09
AIC	1449.66	1113.96	1147.4	1448	1068.6	1045	1276.2	1043.2	1072.5	1153	864.885	862.173
SC	1480.21	1144.52	1182.3	1479	1099.2	1079	1306.8	1073.7	1107.4	1183.5	895.438	897.091

　　进一步对三个模型的对数似然估计值、赤池信息准则及施瓦茨信息准则进行分析，PD、PARA_MN、AI 及 SHDI 均表现出相同的特征，即与 OLS 模型和空间滞后模型相比，空间误差模型的对数似然估计值、最大赤池信息准则和施瓦茨信息准则值最小，因此，对于 PD、PARA_MN、AI 及 SHDI，空间误差模型均比空间滞后模型和 OLS 模型更合适。因此，最终选取空间误差模型进行研究。

6.2.2　总体特征分析

　　以 1980 年、1990 年、2000 年、2010 年及 2015 年的研究数据为基础，使用空间误差模型分别研究道路交通对表征研究区破碎化程度的斑块密度（PD）、形状特征的平均边缘面积比（PARA_MN）、斑块聚集程度的斑块聚集指数（AI）及多样性特征的香浓多样性指数（SHDI）影响的时间演化特征。

　　对空间误差模型计算得到的土地利用破碎化程度影响系数进行分析，如表 6 - 7 所示，从整体上看，人口密度的影响不稳定，仅在 1990—2010 年处于较高水平，且历年均产生负向作用；人均 GDP 的负向作用较强，但是在 2000—2010 年影响不显著；坡度始终产生负向影响，且作用力始终最强；栅格可达性的影响仅在 1980 年、1990 年及 2010 年显著，且 1980 年及 1990 年产生正向影响（负值），2010 年为负向影响（正值）；直达性的影响从 2000 年开始显著，且一直为负向影响；路网密度的整体影响不显著，仅在 2000 年处于较高水平。

　　对空间误差模型计算得到的土地利用刊次特征影响系数进行分析，如表 6 - 8 所示，从整体上看，人口密度的影响非常明显，仅在 2000 年不显著；人均 GDP 及坡度的影响始终不显著；栅格可达性的影响仅在 1980—2000 年显著，2010 年及 2015 年不显著；直达性的影响除去 1980 年不显著外，其他年份的影响均较高；路网密度的影响除去 1990 年外，始终处于较高水平。

表6-7 土地利用破碎化程度影响系数分布

变量	1980年		1990年		2000年		2010年		2015年	
	系数	排序	系数	排序	系数	排序	系数	排序	系数	排序
人口密度	-0.063	4	-0.230***	2	-0.142**	3	-0.064*	3	-0.015	5
人均GDP	-0.226***	2	-0.082*	3	-0.025	6	-0.000	6	-0.113*	2
坡度	-0.556***	1	-0.554***	1	-0.475***	1	-0.521***	1	-0.499***	1
栅格可达性	-0.050*	3	-0.072**	4	-0.034*	5	0.031*	4	0.001	6
直达性	0.003	6	-0.046	6	-0.067*	4	-0.151**	2	-0.098*	3
路网密度	-0.013	5	0.057	5	0.224***	2	0.012	5	0.040	4
R^2	0.657		0.640		0.667		0.671		0.675	
Log-Likelihood	-557.470		-569.371		-553.427		-552.715		-549.980	
AIC	1128.940		1152.740		1120.850		1119.430		1113.960	
SC	1159.490		1183.290		1151.410		1149.980		1144.520	

注：表中***，**及*分别表示在1%、5%及15%的显著性水平下通过了检验，OLS模型的R^2为调整后R^2，下同。

表6-8

土地利用形状特征影响系数分布

变量	1980年		1990年		2000年		2010年		2015年	
	系数	排序	系数	排序	系数	排序	系数	排序	系数	排序
人口密度	-0.074*	2	-0.072*	2	0.014	5	0.099*	3	0.111*	1
人均GDP	-0.053	4	-0.011	6	-0.002	6	0.005	6	0.048	6
坡度	-0.013	6	-0.010	5	0.029	4	-0.061	4	-0.054	4
栅格可达性	0.057*	1	0.047*	3	0.077*	1	0.020	5	0.050	5
直达性	-0.042	5	-0.104**	1	-0.056*	3	-0.105*	2	-0.099*	2
路网密度	-0.053*	3	0.019	4	0.076*	2	-0.163***	1	-0.073*	3
R^2	0.666		0.666		0.659		0.657		0.709	
Log-Likelihood	-560.911		-563.549		-569.390		-566.111		-527.310	
AIC	1135.820		1141.100		1152.780		1146.220		1068.610	
SC	1166.370		1171.650		1183.330		1176.780		1099.170	

注：表中***、*分别表示在1%和15%的显著性水平下通过了检验，OLS模型的R^2为调整后R^2。

对空间误差模型计算得到的土地利用聚集特征影响系数进行分析，如表6-9所示，从整体上看，人口密度的影响处于较高水平，且历年均为正向作用；人均GDP的影响波动较大，在2000年及2010年影响不显著，其他年份显著性水平较高，且历年均为正向影响；坡度始终产生正向影响且作用力始终最强；栅格可达性的影响力较弱，仅在1980年及1990年显著性水平较高，且为负向作用（正值）；直达性的整体影响力较强，且在2000年之后开始显著，并且始终产生正向影响作用；路网密度的影响较弱，仅在2000年产生负向影响。

对空间误差模型计算得到的土地利用的多样性特征影响系数进行分析，如表6-10所示，从整体上看，人口密度的影响整体处于较高水平，且历年均为负向作用；人均GDP的影响较弱，仅在1980年表现出显著的负向作用；坡度的影响力始终最强，且为负向作用；栅格可达性的影响不显著，仅在2000年表现出负向作用（正值）；直达性的影响逐渐加强，由1980年、1990年不显著，到2000年开始产生显著的负向影响；路网密度的影响力较弱，仅在1980年和2000年表现出显著的正向影响。

6.2.3 道路交通相关因素的时间演化

以1980年、1990年、2000年、2010年及2015年的研究数据为基础，使用空间误差模型重点研究道路交通对表征研究区破碎化程度的斑块密度（PD）、形状特征的平均边缘面积比（PARA_MN）、斑块聚集程度的斑块聚集度指数（AI）及多样性特征的香浓多样性指数（SHDI）影响的时间演化特征，并进行梳理分析。

对于表征研究区土地利用破碎化程度的斑块密度（PD），道路交通等指标的影响较为显著，且以栅格可达性的影响最为明显。栅格可达性在1980年及1990年产生显著正向作用，在2010年产生显著负向影响；直达性从2000年开始一直产生负向影响；路网密度仅在2000年处于较

表6-9

土地利用聚集特征影响系数分布

特征	1980年		1990年		2000年		2010年		2015年	
	系数	排序	系数	排序	系数	排序	系数	排序	系数	排序
人口密度	0.057	4	0.225***	2	0.182***	3	0.221***	3	0.175***	2
人均GDP	0.247***	2	0.147***	3	0.003	6	0.004	6	0.155**	4
坡度	0.620***	1	0.617***	1	0.534***	1	0.599***	1	0.573***	1
栅格可达性	0.067*	3	0.086**	4	0.035	5	-0.011	5	0.018	6
直达性	0.029	5	0.032	6	0.128***	4	0.244***	2	0.173***	3
路网密度	-0.011	6	-0.049	5	-0.245***	2	-0.036	4	-0.037	5
R^2	0.733		0.722		0.735		0.710		0.704	
Log-Likelihood	-487.797		-495.979		-488.060		-508.789		-514.580	
AIC	989.593		1005.960		990.120		1031.580		1043.170	
SC	1020.150		1036.510		1020.670		1062.130		1073.720	

注：表中***、**和*分别表示在1%、5%和15%的显著性水平下通过了检验，OLS模型的R^2为调整后R^2。

表 6-10　土地利用多冲性特征影响系数分布

特征	1980 年		1990 年		2000 年		2010 年		2015 年	
	系数	排序	系数	排序	系数	排序	系数	排序	系数	排序
人口密度	-0.075	4	-0.129**	2	-0.070	5	-0.259***	3	-0.272***	2
人均 GDP	-0.094*	2	0.023	5	0.019	6	0.016	5	0.033	5
坡度	-0.510***	1	-0.500***	1	-0.447***	1	-0.525***	1	-0.502***	1
栅格可达性	-0.033	5	-0.037	3	0.064*	4	0.036	4	0.042	4
直达性	0.000	6	0.031	5	-0.110**	3	-0.284***	2	-0.228***	3
路网密度	0.061**	3	0.020	6	0.193***	2	0.004	6	0.001	6
R^2	0.758		0.762		0.774		0.791		0.788	
Log - Likelihood	-465.226		-463.010		-446.915		-417.452		-425.440	
AIC	944.452		940.021		907.831		848.904		864.885	
SC	975.005		970.574		938.384		879.457		895.438	

注：表中 ***、** 和 * 分别表示在 1%、5% 和 15% 的显著性水平下通过了检验，OLS 模型的 R^2 为调整后 R^2。

高水平，但是整体影响不显著。进一步对 1980 年、1990 年、2000 年、2010 年及 2015 年五个时间断面的道路交通变量历年影响的重要程度按照回归系数大小进行排序分析可以发现，栅格可达性仅在 2015 年不显著，其他年份虽然仅在第三、第四及第五的位置，但是其影响是持续且显著的，并且在 2010 年之后由正向转变为负向影响。直达性在 2000 年之后开始产生显著的负向影响，且整体作用力较强。道路密度的影响及其不稳定，仅在 2000 年产生显著的正向作用。

对于表征研究区土地利用形状特征的平均边缘面积比（PARA_MN），道路交通等指标的影响较为显著，且以直达性的影响最为明显。直达性的影响除去 1980 年不显著外，其他年份均较高；栅格可达性的影响仅在 1980—2000 年显著，2010 年及 2015 年不显著；路网密度的影响除去 1990 年外，始终处于较高水平。进一步对 1980 年、1990 年、2000 年、2010 年及 2015 年五个时间断面的道路交通变量历年影响的重要程度按照回归系数大小进行排序分析可以发现，直达性的影响最为显著，除去 1980 年外，其他年份的影响力均处于前三位。路网密度的影响水平也较高，除去 1990 年外，其他年份的影响力均处于前三位。栅格可达性的影响力逐渐减弱，由 1980 年的第一位到 2010 年的不显著，但整体上以正向作用为主。同时，整体上各影响因素的影响均处于较低水平，表明了区域土地利用形状特征的复杂性。

对于表征研究区土地利用聚集特征的斑块聚集度指数（AI），道路交通等指标的影响较为显著，且以直达性的影响最为明显、栅格可达性影响力较弱。直达性的整体影响力较强，且在 2000 年之后开始显著，并且始终处于正向作用；栅格可达性的影响力较弱，仅在 1980 年及 1990 年显著性水平较高，且为负向作用；路网密度的影响较弱，仅在 2000 年产生负向作用。进一步对 1980 年、1990 年、2000 年、2010 年及 2015 年五个时间断面的道路交通变量历年影响的重要程度按照回归系数大小进行排序分析可以发现，栅格可达性的影响仅在 1980 年处于第三、1990 年处于第四，其他年份影响均不显著。直达性的影响由 1980 年的不显著逐渐增强到 2015 年处于第三的位置，整体影响力较高。路网密度的影响仅在 2000 年处于第二的位置，其余年份影响力不高。

对于表征研究区土地利用多样性特征的香浓多样性指数（SHDI），道路交通等指标的影响较为显著，且以直达性的影响最为明显。栅格可达性仅在 2000 年表现出负向作用；直达性在 1980 年和 1990 年不显著，从 2000 年开始产生显著的负向影响，影响力逐渐增强；路网密度在 1980 年和 2000 年表现出显著的正向影响。进一步对 1980 年、1990 年、2000 年、2010 年及 2015 年五个时间断面的道路交通变量历年影响的重要程度按照回归系数大小进行排序分析可以发现，栅格可达性的影响在 2000 年产生负向作用，且处于第四位，整体影响较弱。直达性的影响处于不断增强的趋势，由 1980 年的不显著，到 2000 年处于第三的位置，并且保持到 2015 年，整体上负向影响逐渐加强。路网密度的影响处于不断减弱的状态，仅在 1980 年及 2000 年表现出正向作用，且排在第三及第二位，整体影响力较强，但是持续性不足。

6.2.4 其他因素的时间演化

在重点分析道路交通相关的栅格可达性、直达性及路网密度等变量影响的时间演化特征分析的基础上，为了进行更加深入地研究，对人口密度、人均 GDP 及坡度等指标的影响进行进一步分析。

对于表征研究区破碎化程度的斑块密度（PD），人口密度仅在 1990—2010 年处于产生较强的负向作用；人均 GDP 在 2000—2010 年影响不显著，其他年份的负向作用明显；坡度的负向作用力始终最强。进一步将历年各影响因素的重要程度按照回归系数的大小进行排序分析，坡度的重要程度始终处于第一位。人口密度在 1990—2010 年始终处于前三的位置。人均 GDP 在 1980 年、1990 年及 2015 年始终处于前 3 的位置，整体影响显著。

对于表征研究区土地利用形状特征的平均边缘面积比（PARA_MN），人口密度的影响仅在 2000 年不显著；人均 GDP 及坡度的影响始终不显著。进一步将历年各影响因素的重要程度按照回归系数的大小进行排序，人口密度的影响力处于不断增强的趋势。坡度和人均 GDP 的影响始终较弱，历年的影响均不显著。

对于表征研究区土地利用聚集趋势的斑块聚集度指数（AI），人口密度的影响整体处于较高的正向作用；人均 GDP 的影响在 2000 年及 2010 年不显著，其他年份产生显著的正向作用；坡度始终产生正向影响且作用力始终最强。进一步将历年各影响因素的重要程度按照回归系数的大小进行排序。坡度的影响始终处于第一的位置。人口密度除去 1980 年外，其余年份均处于前三的位置。人均 GDP 的影响力由 1980 年的第二减弱到 2015 年的第四，影响力逐渐减弱。

对于表征研究区土地利用多样性特征的香浓多样性指数（SHDI），人口密度的影响整体处于较高的负向作用；人均 GDP 仅在 1980 年表现出显著的负向作用；坡度的负向作用影响力始终最强。进一步将历年各影响因素的重要程度按照回归系数的大小进行排序，坡度的影响始终处于第一。人口密度的影响除去 1980 年及 2000 年外，其余年份均处于前三的位置。人均 GDP 仅在 1980 年产生负向影响。

6.3　道路交通对景观格局变化的影响：以建设用地扩张为例

城市化已成为一种全球性的现象，不仅表现为社会经济条件的变化，也是一个重要的地理空间过程。在过去 30 年中，城市地区的人口不断增加，建设用地规模迅速扩大，特别是在发展中国家。这种快速城市化深刻影响了自然生态系统和人类生计的结构和功能，造成了各种问题，如生态破坏、资源短缺、人口爆炸、环境压力和健康问题（刘永伟，2020）。了解建设用地扩张过程及其驱动因素对于有效的城市增长规划和管理至关重要，同时可以减轻扩张的不利影响（Li，2013）。因此，以建设用地景观作为研究对象探讨道路交通相关指标对景观格局变化的影响具有重要的意义。

6.3.1 实证模型

（1）地理探测器。

地理探测器是探测空间分异性，以及揭示其背后驱动力的一组统计学方法。其核心思想是基于这样的假设：如果某个自变量对某个因变量有重要影响，那么自变量和因变量的空间分布应该具有相似性。地理探测器既可以探测数值型数据，也可以探测定性数据，这正是地理探测器的一大优势（王劲峰，2016）。地理探测器最早由王劲峰教授提出，是一种空间统计方法，用于研究地理现象与其潜在驱动因素之间的关系（Wang，2010；Wang，2016）。地理探测器已经应用于城镇化、住宅、村庄、人口及生态系统等诸多研究中（刘彦随，2012；王少剑，2016；杨忍，2016；李佳洺，2017；郑树峰，2021）。地理检测器包括因子探测器、交互作用探测器、生态探测器和风险探测器。

因子探测：探测 Y 的空间分异性，以及探测某因子 X 多大程度上解释了属性 Y 的空间分异，用 q 值来度量，表达式为式（6-1）所示：

$$q = 1 - \frac{1}{N\delta^2} \sum_{h=1}^{L} N_h \delta_h^2 \qquad (6-1)$$

式（6-1）中：L 为变量 Y 或因子 X 的分层（Strata）（h = 1，…，L），即分类或分区；N_h 和 N 分别为层 h 和全区的单元数；δ_h^2 和 δ^2 分别是层 h 和全区的 Y 值的方差。q 的值域为 [0，1]，值越大说明 Y 的空间分异性越明显；如果分层是由自变量 X 生成的，则 q 值越大表示自变量 X 对属性 Y 的解释力越强，反之则越弱。极端情况下，q 值为 1 表明因子 X 完全控制了 Y 的空间分布，q 值为 0 则表明因子 X 与 Y 没有任何关系，q 值表示 X 解释了 $100 \times q\%$ 的 Y（王劲峰，2016）。

交互作用探测：识别不同风险因子 X_s 之间的交互作用，即评估因子 X1 和 X2 共同作用时是否会增加或减弱对因变量 Y 的解释力，或这些因子对 Y 的影响是相互独立的。评估的方法是首先分别计算两种因子 X1 和 X2 对 Y 的 q 值：q（X1）和 q（X2），并且计算它们交互（叠加变量 X1 和 X2 两个图层相切所形成的新的多边形分布）时的 q 值：q（X1∩X2），并对 q（X1）、q（X2）与 q（X1∩X2）进行比较。两个因子之间的关系可分为以下几类（王劲峰，2016），见表 6 – 11。

表 6 – 11　　　　　　　两个自变量对因变量交互作用的类型

图示	判据	交互作用
	q（X1∩X2）< Min（q（X1），q（X2））	非线性减弱
	Min（q（X1），q（X2））< q（X1∩X2）< Max（q（X1）），q（X2））	单因子非线性减弱
	q（X1∩X2）> Max（q（X1），q（X2））	双因子增强
	q（X1∩X2）= q（X1）+ q（X2）	独立
	q（X1∩X2）> q（X1）+ q（X2）	非线性增强

风险区探测：用于判断两个子区域间的属性均值是否有显著的差别，用 t 统计量来检验。生态探测：用于比较两因子 X1 和 X2 对属性 Y 的空间分布的影响是否有显著的差异（王劲峰，2016）。

（2）建设用地扩张模式量化方法。

在本研究中，选择第 4 章中斑块类型水平上选择的四个景观指标来描述建设用地扩张模式，即景观百分比（PLAND）、边缘密度（ED）、聚集指数（AI）和周长面积比平均值（PARA_MN），这四个景观指数在建设用地扩张模式和结构方面具有很好的代表性，城市扩张量化公式如式（6 – 2）所示：

$$C = （L_{2015} - L_{1990}）\times 100\% \qquad （6 - 2）$$

式（6-2）中：C 表示建设用地景观指数的改变，分别用 C_{PLAND}，C_{ED}，C_{AI} 和 C_{PARA_MN} 表示；L_{1990} 表示 1990 年各指标的景观指数值，分别用 $L_{1990-PLAND}$，$L_{1990-ED}$，$L_{1990-AI}$ 和 $L_{1990-PARA\_MN}$ 表示；L_{2015} 表示 2015 年各指标的景观指数值，分别用 $L_{2015-PLAND}$，$L_{2015-ED}$，$L_{2015-AI}$ 和 $L_{2015-PARA\_MN}$ 表示。

6.3.2　建设用地扩张的景观模式分析

以 1990 年和 2015 年的建设用地为基础，通过计算景观百分比（PLAND）、边缘密度（ED）、聚集指数（AI）和周长面积比平均值（PARA_MN）四个景观指数对珠江三角洲 581 个镇街的建设用地扩张模式进行深入研究。C_{PLAND} 和 C_{ED} 的分布趋势基本一致，呈现出珠三角核心区远远大于外围地区的特征，且珠江口东西两岸的变化特征最为明显，C_{PARA_MN} 和 C_{AI} 的分布趋势基本一致，整体上珠三角核心区的变化较为稳定，处于适中水平，外围地区表现出高值和低值共存的情况，其中江门各镇整体较低，肇庆和惠州各镇整体较高。

通过分析可以发现，在 1990—2015 年的 25 年间，建设用地的面积、形状、破碎化程度及聚集状态均发生了显著变化，整体向着面积不断增加、形状更加复杂、破碎化程度不断加剧、聚集程度略有降低的方向发展。同时，景观指数改变量在各市核心镇与外围镇，以及珠三角核心地区与外围地区两个层面均存在显著的空间分布异质性。对于各镇建设用地景观指数的变化，C_{PLAND} 和 C_{ED} 存在明显的核心地区高、外围地区低的分布特征，C_{PARA_MN} 和 C_{AI} 的规律性不强，但是核心区和外围地区依然存在显著差异。产生这一系列差异与建设用地主要分布在各市的中心城区及珠三角核心地区有关，核心区部分镇街建设用地比例达到 80% 甚至更高，随着建设用地的不断增加，外围地区的增加速度与核心地区差距逐渐变小，最终形成了珠三角建设用地景观格局独特的空间分布和变化规律特征。

采用空间自相关分析方法对建设用地增长的景观格局效应进行进一步研究，使用 Geoda 软件分别计算 1990 年、2015 年及景观指数改变量的全局空间自相关指数 Moran's I 值，结果如表 6-12 所示，经检验各值都通过了显著性水平为 0.05 的假设检验。

表 6-12　　　　　　　　　　Moran's I 值统计

变量	L_{1990}	L_{2015}	$C(L_{2015}-L_{1990})$
PLAND	0.845	0.859	0.689
ED	0.615	0.685	0.644
PARA_MN	0.302	0.666	0.285
AI	0.436	0.801	0.243

所有 Moran's I 值均为正值，表明 L_{1990}，L_{2015} 和 $L_{2015}-L_{1990}$ 均存在正的空间自相关性，即具有较高值的镇街相对地趋于与较高值的镇街相邻，较低的镇街趋于和较低值的镇街相邻。L_{2015} 的 Moran's I 值均大于 L_{1990}，且 PARA_MN 及 AI 的空间自相关性增加程度较大，PLAND 及 ED 的空间自相关性整体较为稳定仅略有增加。同时，$L_{2015}-L_{1990}$ 的 Moran's I 值也较大，表明了 $L_{2015}-L_{1990}$ 存在正的空间自相关性，具有一定的空间集聚特征，且 C_{PLAND} 和 C_{ED} 的 Moran's I 值明显大于 C_{AI} 和 C_{PARA_MN}。

为了找出建设用地景观指数变化的空间集聚区，使用 Geoda 软件计算各镇街 C_{PLAND}，C_{ED}，C_{AI} 和 C_{PARA_MN} 的局部空间自相关指数并进行深入研究，各镇街主要以不显著类型为主，高—高及低—低类型区也较多，高—低及低—高类型区最少。对于 C_{PLAND}，不显著型共 295 个，114 个高—高型主要分布在珠江口东西两岸的核心区域，165 个低—低型主要分布在珠三角外围的肇庆、惠州及江门，6 个低—高型及 1 个高—低型主要分布在广州、深圳等高—高型的周边地区。对于 C_{ED}，不显著型共 383 个，96 个高—高型主要分布在珠三角中部的广州及佛山等，96 个低—低型主要分布在肇庆市，4 个低—高型及 2 个高—低型主要分布在珠三角中部的广州和佛山。对 C_{PARA_MN}，不显著型共 443 个，41 个高—高型主要分布在珠江口东岸的中山和珠海，以及珠三角外围的肇庆及惠州等，59 个低—低型主要分布在珠三角西部的肇庆及江门，14 个低—高型主要分布在珠三角东部的惠州及中部的中山，24 个高—低型主要分布在珠三角西部的肇庆及江门。对于 C_{AI}，不显著型共 485 个，35 个高—高型主要分布在肇庆西北部及惠州东北部，33 个低—低型分布较为零星，仅在广州北部有连片分布区域，22 个低—高型分布区域与高—高型基本一致，主要分布在肇庆西北部及惠州东北部，6 个高—低型主要分布在珠三角外围的肇庆、惠州及江门等。

通过以上分析表明，建设用地景观指数及其变化存在显著的空间集聚特征，且这种集聚特征呈现不断增加的趋势，各聚集类型区以高—高及低—低类型区为主，高—低及低—高类型区的数量分布特征较少，同时存在珠三角核心区及外围地区差异明显的空间分布特征。

6.3.3 建设用地扩张的驱动因素分析

6.3.3.1 潜在驱动因素分析

综合考虑各变量在 1990 年的基础情况及 1990—2015 年变化情况，并结合第一章文献综述中的梳理，本研究选取 10 个影响因素进行驱动力分析。其中，自然条件是影响建设用地扩张的基础性因素，选择高程（x_1）和坡度（x_2）共 2 个指标，经济社会发展水平能反应地区发展基本情况、发展水平及发展潜力，是建设用地扩张的重要推动力，选择 1990 年人均 GDP（x_3），1990—2015 年人均 GDP 变化量（x_4），1990 年人口密度（x_5）和 1990—2015 年人口密度变化量（x_6）共四个指标，道路交通发展是城市发展的主要动力，交通发展对建设用地扩张具有决定性的影响因素，选择 1990 年路网密度（x_7），1990—2015 年路网密度变化量（x_8），1990 年交通可达性（x_9）和 1990—2015 年交通可达性变化量（x_{10}）共 4 个指标。同时，因为地理探测器的自变量必须为离散变量，因此使用自然断点分级法将 10 个自变量分为 5 个等级进行地理探测器分析。

6.3.3.2　建设用地扩张的影响因素探测

使用地理探测器的因子探测、交互作用探测及生态探测对珠三角建设用地扩张的决定因素进行研究，以 C_{PLAND}，C_{ED}，C_{AI}，及 C_{PARA_MN} 为因变量，10 个影响因子为自变量进行地理探测器分析。

（1）因子探测。

建设用地扩张是受多种因素共同作用的结果，因子探测主要用来研究建设用地扩张影响因素作用力大小。基于因子探测结果对 10 个影响因子的作用力大小进行分析，结果如表 6 – 13 所示，对于 C_{PLAND}，各因子对应的 q 值大小排序为：$x_6 > x_2 > x_5 > x_1 > x_4 > x_8 > x_{10} > x_7 > x_9 > x_3$，其中 x_6 和 x_2 的解释力都在 30% 以上，是影响 C_{PLAND} 的最主要因素，x_5、x_1、x_4、x_8 及 x_{10} 解释力在 15% —30% 之间，是影响 C_{PLAND} 的次要因素，x_7、x_9 及 x_3 的解释力均小于 15%，对 C_{PLAND} 影响较小。对于 C_{ED}，各因子对应的 q 值大小排序为：$x_2 > x_7 > x_5 > x_8 > x_6 > x_{10} > x_4 > x_9 > x_1 > x_3$，其中 x_2、x_7、x_5 及 x_8 的解释力在 20% 以上，是影响 C_{ED} 的主要因素，x_6、x_{10} 及 x_4 的解释力在 15% —20% 之间，是影响 C_{ED} 的次要因素，x_9、x_1 及 x_3 的解释力均小于 15%，对 C_{ED} 的影响较小。对于 C_{PARA_MN}，各因子对应的 q 值大小排序为：$x_2 > x_8 > x_6 > x_9 > x_4 > x_5 > x_{10} > x_3 > x_7 > x_1$，各因子的解释力均较小，$x_2$、$x_8$ 及 x_6 的解释力在 5% 以上，是影响 C_{PARA_MN} 的主要因素，x_9 及 x_4 的解释力在 3% —5% 之间，是影响 C_{PARA_MN} 的次要因素，x_5、x_{10}、x_3、x_7 及 x_1 的解释力均小于 3%，对 C_{PARA_MN} 的影响最弱。对于 C_{AI}，各因子对应的 q 值大小排序为：$x_1 > x_2 > x_9 > x_5 > x_4 > x_3 > x_6 > x_7 > x_8 > x_{10}$，其中 x_1 及 x_2 的解释力均大于 10%，是影响 C_{AI} 的主要因素，x_9、x_5、x_4 及 x_3 的解释力在 5% —10% 之间，是影响 C_{AI} 的次要因素，x_6、x_7、x_8 及 x_{10} 的解释力均小于 5%，

对 C_{AI} 的影响最弱。

表 6 – 13   地理探测器的因子探测结果

变量	x_1	x_2	x_3	x_4	x_5	x_6	x_7	x_8	x_9	x_{10}
C_{PLAND}	0.250	0.394	0.039	0.229	0.256	0.406	0.134	0.185	0.082	0.155
C_{ED}	0.077	0.258	0.051	0.168	0.211	0.182	0.214	0.209	0.085	0.174
C_{PARA_MN}	0.015	0.058	0.019	0.032	0.026	0.055	0.016	0.056	0.048	0.025
C_{AI}	0.135	0.127	0.053	0.055	0.062	0.042	0.034	0.031	0.082	0.023

通过对因子探测的整体分析发现，各因子对不同建设用地景观指数变化的作用力存在较大差异，对于 C_{PLAND} 的解释力最大，对 C_{ED} 的解释力次之，对于 C_{PARA_MN} 的解释力最小。同时，高程（x_1）、坡度（x_2）、1990 年人口密度（x_5），1990 到 2015 年人口密度变化量（x_6）及 1990 年路网密度（x_7）的整体解释力处于较高水平，表明了自然条件、经济社会发展水平及交通发展水平均对建设用地景观格局变化产生了重要影响，而且因子的 1990 年及 1990—2015 年的变化情况均成为建设用地扩张的推动力。

（2）影响因素的相互作用机理。

使用地理探测器的交互探测研究各因子对建设用地扩张的影响是否存在交互作用，结果如表 6 – 14 所示。从表 6 – 14 中可以发现，对于 C_{PLAND}，各因子两两交互产生的 45 对结果中，主要以双因子增强型为主，其中 15 对非线性增强型组合如下：x_1 与 x_3、x_2 与 x_3、x_3 与 x_4、x_3 与 x_5、x_3 与 x_6、x_3 与 x_7、x_3 与 x_8、x_3 与 x_9、x_3 与 x_{10}、x_5 与 x_9、x_5 与 x_{10}、x_7 与 x_8、x_7 与 x_{10}、x_8 与 x_9、x_9 与 x_{10}，其余 30 对均为双因子增强型。对于 C_{ED}，在 45 对交互结果中，主要以非线性增强型为主，16 对双因子增强型组合如下：x_2 与 x_8、x_3 与 x_5、x_4 与 x_5、x_4 与 x_6、x_4 与 x_7、x_4 与 x_8、x_5 与 x_6、x_5 与 x_7、x_5 与 x_8、x_5 与 x_{10}、x_6 与 x_7、x_6 与 x_8、x_6 与 x_{10}、x_7 与 x_8、x_7 与 x_{10}、x_8 与 x_{10}，其余 29 对均为非线性增强型。

对于 C_{AI}，在 45 对交互结果中，双因子增强型及非线性增强型数量相当，21 对非线性增强型组合如下：x_1 与 x_4、x_1 与 x_9、x_1 与 x_{10}、x_2 与 x_{10}、x_3 与 x_4、x_3 与 x_5、x_3 与 x_6、x_3 与 x_7、x_3 与 x_8、x_3 与 x_9、x_3 与 x_{10}、x_4 与 x_7、x_4 与 x_9、x_5 与 x_6、x_5 与 x_7、x_5 与 x_8、x_5 与 x_{10}、x_6 与 x_7、x_7 与 x_8、x_7 与 x_{10}、x_9 与 x_{10}，其余 24 对均为双因子增强型。对于 C_{PARA_MN}，在 45 对交互结果中，主要以非线性增强型为主，5 对双因子增强型组合如下：x_4 与 x_6、x_5 与 x_6、x_6 与 x_8、x_8 与 x_9、x_8 与 x_{10}，其余 40 对均为非线性增强型。

通过对交互探测的整体分析，建设用地扩张的不同影响因子之间存在一定的逻辑关系，交互作用类型有非线性增强与双因子增强两种，不存在独立起作用的因子，且各因子的交互作用影响远远超过单因子作用。自然条件、经济社会发展及交通发展等不同类型因子的组合均远超单因子的作用，而且对于经济社会发展水平及交通发展水平这两种类型的因子，1990 年及 1990—2015 年 25 年改变量的组合作用也远远高于单因子的作用，如 x_3 与 x_4、x_5 与 x_6、x_7 与 x_8 及 x_9 与 x_{10} 的组合。

（3）影响因素的差异性分析。

使用地理探测器的生态探测模型研究某一因子与其他因子之间有无显著性差异，结果如表 6-15 所示。从表 6-15 中可以发现，对于 C_{PLAND}，x_1 与 x_4、x_5、x_8 无显著性差异，x_2 与其他因子之间均存在显著性差异，x_3 与 x_7、x_9 无显著性差异，x_4 与 x_5、x_8、x_{10} 无显著性差异，x_5 与 x_8 无显著性差异，x_6 与其他因子之间均存在显著性差异，x_7 与 x_8、x_9、x_{10} 无显著性差异，x_8 与 x_{10} 无显著性差异，x_9 与 x_{10} 无显著性差异。对于 C_{ED}，x_1 与 x_3、x_4、x_9 无显著性差异，x_2 与 x_5、x_6、x_7、x_8 无显著性差异，x_3 与 x_9 无显著性差异，x_4 与 x_5、x_6、x_7、x_8、x_9、x_{10} 无显著性差异，x_5 与 x_6、x_7、x_8、x_{10} 无显著性差异，x_6 与 x_7、x_8、x_{10} 无显著性差异，x_7 与 x_8、x_{10} 无显著性差异，x_8 与 x_{10} 无显著性差异，x_9 与 x_{10} 无显著性差异。对于 C_{PARA_MN}，各个因子之间均无显著性差异。对于 C_{AI}，大部

表6-14 地理探测器的交互探测结果

变量		x1	x2	x3	x4	x5	x6	x7	x8	x9
PLAND	x2	0.41								
	x3	0.35	0.48							
	x4	0.39	0.50	0.38						
	x5	0.39	0.53	0.45	0.37					
	x6	0.50	0.63	0.49	0.48	0.49				
	x7	0.33	0.45	0.27	0.34	0.37	0.53			
	x8	0.35	0.45	0.33	0.37	0.38	0.49	0.34		
	x9	0.29	0.45	0.21	0.31	0.36	0.49	0.20	0.32	
	x10	0.31	0.46	0.35	0.38	0.42	0.50	0.36	0.30	0.37
ED	x2	0.35								
	x3	0.21	0.37							
	x4	0.33	0.45	0.28						
	x5	0.36	0.49	0.26	0.28					
	x6	0.34	0.47	0.29	0.27	0.29				
	x7	0.32	0.48	0.32	0.36	0.38	0.38			
	x8	0.30	0.42	0.28	0.31	0.33	0.32	0.38		
	x9	0.23	0.35	0.21	0.30	0.32	0.35	0.34	0.33	
	x10	0.31	0.45	0.29	0.35	0.37	0.35	0.36	0.28	0.32

变量		x1	x2	x3	x4	x5	x6	x7	x8	x9
PARA_MN	x2	0.10								
	x3	0.10	0.13							
	x4	0.12	0.16	0.08						
	x5	0.09	0.13	0.07	0.07					
	x6	0.10	0.15	0.08	0.08	0.08				
	x7	0.07	0.11	0.08	0.12	0.12	0.13			
	x8	0.09	0.12	0.09	0.10	0.09	0.11	0.11		
	x9	0.12	0.15	0.09	0.11	0.10	0.13	0.11	0.11	
	x10	0.07	0.10	0.09	0.08	0.09	0.12	0.12	0.07	0.12
AI	x2	0.17								
	x3	0.17	0.18							
	x4	0.20	0.18	0.12						
	x5	0.17	0.18	0.13	0.10					
	x6	0.15	0.15	0.11	0.09	0.11				
	x7	0.17	0.16	0.12	0.13	0.14	0.10			
	x8	0.15	0.14	0.11	0.09	0.10	0.06	0.10		
	x9	0.22	0.19	0.14	0.15	0.13	0.12	0.10	0.11	
	x10	0.18	0.15	0.11	0.08	0.10	0.06	0.11	0.05	0.15

表6-15　地理探测器的生态探测结果

变量		x₁	x₂	x₃	x₄	x₅	x₆	x₇	x₈	x₉
PLAND	x₂	Y								
	x₃	Y	Y							
	x₄	N	Y	Y						
	x₅	N	Y	Y	N					
	x₆	Y	N	N	Y	Y				
	x₇	Y	Y	Y	Y	N	Y			
	x₈	N	Y	N	Y	Y	Y	N		
	x₉	Y	Y	N	Y	Y	Y	N	Y	
	x₁₀	Y	Y	Y	N	Y	Y	N	N	N
ED	x₂	N								
	x₃	Y	Y							
	x₄	Y	Y	N						
	x₅	Y	Y	Y	N					
	x₆	Y	Y	Y	Y	N				
	x₇	Y	Y	Y	Y	Y	N			
	x₈	Y	Y	N	Y	Y	Y	Y		
	x₉	N	Y	Y	Y	Y	Y	Y	Y	
	x₁₀	Y	Y	Y	Y	Y	Y	Y	N	N

变量		x₁	x₂	x₃	x₄	x₅	x₆	x₇	x₈	x₉
PARA_MN	x₂	N								
	x₃	N	N							
	x₄	N	N	N						
	x₅	N	N	N	N					
	x₆	N	N	N	N	N				
	x₇	N	N	N	N	N	N			
	x₈	N	N	N	N	N	N	N		
	x₉	N	N	N	N	N	N	N	N	
	x₁₀	N	N	N	N	N	N	N	N	N
AI	x₂	N								
	x₃	N	N							
	x₄	N	N	N						
	x₅	N	N	N	N					
	x₆	Y	N	N	N	N				
	x₇	Y	N	N	N	N	N			
	x₈	N	N	N	N	N	N	N		
	x₉	N	N	N	N	N	N	N	N	
	x₁₀	Y	Y	N	N	N	N	N	N	N

注：采用显著性水平为0.05的F检验，Y表示两种两种因子在对景观格局影响存在显著性差异；N表示无显著性差异。

分因子之间无显著性差异，仅有 x_1 与 x_7、x_8、x_{10} 无显著性差异，x_2 与 x_{10} 无显著性差异。

通过对生态探测的整体分析，不同建设用地景观指数的结果存在显著差异，各因子对 C_{PARA_MN} 及 C_{AI} 的影响大部分无显著性差异，各因子对于 C_{PLAND} 以存在显著差异为主，各因子对 C_{ED} 以无显著差异为主，但是显著差异的组合数量也较多。尤其对于 C_{PLAND} 的生态探测结果显示 x_2 及 x_6 与其他因子之间均存在显著性差异，表明了坡度（x_2）和 1990 — 2015 年人口密度变化量（x_6）对建设用地占比变化的独特作用。

6.4 小 结

对于各镇的 GWR 模型影响系数的分析结果表明，不同的影响因素对于斑块密度（PD）、平均边缘面积比（PARA_MN）、斑块聚集度指数（AI）及香浓多样性指数（SHDI）的影响程度和方向存在较大的差异，但是，影响系数的空间分布均整体呈现出以广州市中心城区为中心，向外逐渐改变的趋势，而且整体存在的两极化分布趋势非常明显。通过比较 OLS 回归、空间误差模型及空间滞后模型的结果，PD、PARA_MN、AI 及 SHDI 的拟合结果均为空间误差模型最优。通过采用空间误差模型的研究结果表明不同因素的影响存在较大的差异。

以地理探测器为研究方法，以建设用地扩张为基础研究道路交通对建设用地景观格局变化的影响，因子探测结果表明自然条件、经济社会发展水平及交通发展水平均等因子对建设用地扩张产生重要影响，而且因子的 1990 年及 1990—2015 年的变化情况均成为建设用地景观格局变化的推动力，尤其是高程、坡度，1990 年人口密度、1990—2015 年人口密度变化及 1990 年路网密度的整体解释力处于较高水平。交互探测结果表明不同影响因子之间存在一定的逻辑关系，交互作用类型有非线性增强与双因子增强两种，不存在独立起作用的因子，且各因子的交互作用影响远远超过单因子作用。生态探测结果表明，各因子对 C_{PARA_MN} 和 C_{AI} 的影响大部分无显著性差异，对 C_{PLAND} 以存在显著差异为主，对 C_{ED} 以无显著差异为主，但是显著差异的组合数量也较多。尤其对于 C_{PLAND} 的生态探测结果表明，坡度和 1990—2015 年人口密度变化对建设用地扩张的独特作用。

第 7 章

案例区人类活动强度类型区划分

在道路交通与土地利用相互关系理论中，人类活动作为关系理论中的重要部分具有十分重要的意义，其在对道路交通直接产生影响的基础上，进一步对土地利用产生作用，成为连接道路交通及土地利用的关键因素，并且是人口、经济等外部因素对整个系统施加作用力的基础，因此，道路交通对土地利用的影响与人类活动有着紧密的关系，尤其是在经济发达的珠江三角洲城市群其联系更加紧密，因此，本章尝试以人类活动为基础，研究道路交通对土地利用影响的区域类型。

7.1 人类活动强度类型区划分方法

人类活动是土地利用变化的基础，道路交通对土地利用的影响会因为不同地区的人类活动大小产生差异。人类活动是伴随人类社会发展的客观存在，其包含的内容十分广泛，包括人类一切可能形式的活动或行为，群体的、个体的，政治的、社会的、经济的等，并且可以有很多种分类方式（叶笃正，符淙斌等，2001）。从人对自然的影响或作用角度看，人类活动指的是人类为满足自身的生存和发展而对自然环境所采取的各种开发、利用和保护等行为的总称（徐勇，孙晓一等，2015）。近代以来，人类活动已经成为地球生态系统的主宰，成为影响地区土地、大气、水及生态环境的重要驱动力，人类活动对生态系统已经构成严重的威胁。因此，对于人类活动强度计算的相关研究逐步受到学者们的关注和重视。大部分研究集中在综合指标的构建和评价方面，文英（1998）首先对概念及量化方法进行了研究（文英，1998）。胡志斌等（2007）、徐志刚等（2009）、郑文武等（2010）在建立自然、社会及经济等要素指标体系，并且确定各指标权重的基础上对人类活动进行了分析。王金哲等（2009）、汪桂生等（2013）采用变异系数等方法为已建立指标体系的指标赋权重，对滹沱河、黑河流域的人类活动分布特征进行了研究。徐勇等（2015）通过对这些方法的综合研究表明，以上方法存在问题导向性强，地域特色鲜明等优点，但是同时也存在概念含义过于宽泛，指标选择存在主观性强和普适性差等缺陷，而且综合指标的物理意义不清，不便于开展区际间的对比研究。

因此，根据以上发现的传统方法存在的问题，徐勇等（2015）对人类活动强度进行了重新定义，即一定区域内人类对陆地表层利用、改造和开发的程度，可通过土地利用类型得到反映，并在此概念的基础上，提出了计算模型—建设用地当量面积占区域土地总面积百分比法。因此，可以反映出不同地区的人类活动情况以及地区土地利用程度综合状况，便于不同区域之间相关研究成果的对比分析，普适性较强，在大尺度及区域尺度上直接反应人类对土地利用/覆盖作用的同时，还综合考虑了在人类与地表相互作用的过程中产生的能量及营养物质的转换，能够明确揭示人类活动对土地利用/覆盖变化的作用，更为重要的是，在无法获取充足的社会经济统计数据时，不断发展的遥感技术能够对人类活动强度的估算提供强有力的支撑，使得研究更加方便的进行。基于徐勇的研究方法，徐小任等（2017）对黄土高原的人类活动强度分布特征进行了研究，高文文（2017）对南水北调中线水源区的人类活动强度分布情况进行了研究，证明了采用建设用地当量面积占区域土地总面积百分比法的高效性和准确性。

采用徐勇等（2015）提出的建设用地当量面积占区域土地总面积百分比法计算人类活动的方法，计算目标年份各镇街的人类活动强度，并按照统一分级标准将其划分为不同类型。徐勇提出的研究方法其基本度量单位是人类社会经济活动对陆地表层作用程度最高的建设用地当量，将不同土地利用类型面积按照其建设用地当量折算系数换算成对应的建设用地当量，然后根据研究区内不同土地利用类型建设用地当量总和确定人类活动强度的大小。其中折算系数的确定是关键。

对于折算系数，不同的土地利用/覆盖类型能够反应出人类利用、改造及开发陆地表面的程度。其中，利用主要指陆地表层自然覆被被人类使用，但是其本身属性未发生变化，如草地；改造主要指陆地表层的自然覆被发生了变化，但是人类对其作用仅在表层中，如耕地；开发主要指人类不仅对原有的自然覆被进行改造，并且在陆地表层进行了人工阻隔及建设，使地下与地上之间的各种自然交换被阻隔，是人类活动强度最高的等级，如建设用地。根据徐勇等计算出的不同土地利用/覆盖类型的折算系数，考虑本研究通过 Landsat 数据解译的土地利用/覆盖结果，确定珠江三角洲各土地利用/覆盖类型的折算系数，如表 7-1 所示。

表 7-1　　珠江三角洲不同土地利用/覆盖类型的建设用地当量折算系数

耕地	林地	草地	建设用地	水域	未利用土地
0.2	0	0.067	1	0	0

基于建设用地当量折算系数进行人类活动强度计算，计算公式如式（7-1）、式（7-2）所示：

$$HAILS_i = \frac{S_{CLE-i}}{S_i} \times 100\% \qquad (7-1)$$

$$S_{CLE-ij} = \sum_{i=1}^{n} (SL_{ij} \times CI_{ij}) \qquad (7-2)$$

其中，$HAILS_i$ 指第 i 个研究单元的人类活动强度大小；S_{CLE-i} 为第 i 个研究单元的建设用地当量面积；SL_{ij} 为第 i 个研究单元第 j 种土地利用/覆盖类型的面积；CI_{ij} 为第 i 个研究单元第 j 种土地利用/覆盖类型的建设用地当量折算系数；n 为第 i 个研究单元的土地利用/覆盖类型数量。

7.2　人类活动强度类型区划分结果

使用 GIS 自然间断点分级法确定珠江三角洲不同时期的人类活动强度分级标准进行划分，并计算其平均值，如表 7 - 2 所示，根据不同时期的自然间断点统一确定的分级标准，同时兼顾划分到各区间内的镇街个数，确定统一的分级标准为：< 11%、11% — 26.99%、27% — 46.99%、47% — 75.99%、≥76%。

表 7 - 2　　　　　　　　自然间断点分级法统计表　　　　　　　单位：%

年份	第一断点	第二断点	第三断点	第四断点
1980	8.77	21.48	41.17	74.49
1990	10.01	24.28	45.57	75.61
2000	11.88	27.22	49.03	78.69
2010	17.64	36.94	58.12	81.09
2015	17.22	36.37	58.91	82.82

根据统一的自然间断点分级标准，将各镇街划分为低强度、较低强度、中等强度、较高强度及高强度五种类型各类型区数是及均值，如表 7 - 3 所示。从整体上分析，1980 — 2015 年人类活动强度呈现出以广州—佛山为核心向外递减的圈层分布结构，且扩展方向主要沿佛山—广州—东莞—深圳进行。从 1980 — 2015 年，低强度类型区减少数量最多，减少了 229 个，较高强度类型区数量增加最多，增加了 88 个，中等强度、高强度及较低强度类型分别增加了 62 个、56 个和 23 个。五种类型区中，仅有高强度及较低强度类型的空间分布格局较稳定，较高强度、中等强度及低强度类型区空间格局变化较大。

表 7－3　珠江三角洲不同时期人类活动强度分级统计

等级类型	分级标准（%）	1980 年		1990 年		2000 年		2010 年		2015 年	
		单元数	均值（%）	单元数	均值（%）	单元数	均值（%）	单元数	均值（%）	单元数	均值（%）
高	≥76	47	94.80	50	95.38	74	93.01	102	91.40	103	91.45
较高	47—75.99	34	57.95	45	60.28	50	60.15	111	60.73	122	61.59
中等	27—46.99	35	35.63	34	34.84	69	35.19	95	36.29	97	36.08
较低	11—26.99	101	16.55	97	17.13	134	17.38	130	17.88	124	17.91
低	<11	364	4.95	355	4.86	254	5.35	143	6.01	135	6.18

基于历年人类活动强度统计数据，对各种类型区进行分析，高强度类型区的数量不断增加，1980 年除了佛山市祖庙街道处于该类型外，其他镇街均位于广州市，2015 年广州市中心城区大部分镇街均处于这一区域，此外深圳的桂圆街道、蛇口街道、园岭街道、福田街道、粤海街道等，佛山市石湾镇街道、张槎街道等及珠海市梅华街道、狮山街道，中山市南头镇等均位于这一类型区。整体上高强度类型区范围不断扩大，由广州为主逐渐演变为广州和深圳为主，各地分散分布的特点。

较高强度类型区增加数量较多，1980 年主要分布在广州、深圳和珠海，在东莞和肇庆也有少量镇街分布，到 2015 年，分布范围扩大，在珠江三角洲所有城市均有分布，且东莞、深圳及广州增加的数量最多，最终形成佛山—广州—东莞及深圳为核心的连片区域。

中等强度类型区数量增加了 62 个，同时分布区域发生了极大的变化，1980 年的 35 个镇街主要分布在广州、深圳、佛山及惠州，此类型区的大部分镇街到了 2015 年均变为较高强度或者高强度类型区，此类型区的镇街变化剧烈，而 2015 年的中等强度类型区主要由 1980 年的较低强度及低强度类型区演化而来。

较低强度类型区的变化也较为剧烈，在 1980 年的分布较为分散，主要分布在东莞、佛山、深圳、广州中心城区的外围镇街等，此类型区人类活动强度不断增加，到 2015 年基本都转变为较高强度及中等强度类型区。2015 年此类型区基本由 1980 年低强度类型区演变发展而来，主要分布在广州市北部、佛山、肇庆、江门及惠州的部分镇街，主要集中在人类活动强度较高的类型区周边。

低强度类型区的镇街分布数量最多，同时也是整体数量唯一减少的类型区，在 1980 年分布范围广泛，除去广州、深圳及东莞分布数量较少外，其他珠江三角洲外围城市，尤其是肇庆、惠州及江门的大多数镇街均处于此类型区。随着人类活动强度的不断增加，此类型区镇街数量不断减少，到 2015 年，分布范围大量减少，主要分布在肇庆市大部分地区、广州市北部的从化区及增城区部分镇街及惠州市北部和东部地区、江门市大部分镇街。

以各镇街历年人类活动强度变化为主进行类型区划分，使用 SPSS 的系统聚类功能，分别采用组间连接方法和离差平方和方法（Ward 方法）将珠江三角洲划分为三类和四类进行研究，结果表明使用离差平方和方法划分为四类更能表现出珠江三角洲的历年人类活动强度演变过程，因此采用离差平法方法将 581 个镇街划分为四类，分别命名为：稳定高强度类型区；快速增长类型区；稳定增长类型区；稳定低强度类型区。

稳定高强度类型区：此类型区的人类活动强度始终较高，在 1980 年大部分镇街处于高强度类型区，并且在 1990 年、2000 年、2010 年及 2015 年一直保持在较高的水平，此类型区的镇街主要分布在广州市，在佛山、珠海及深圳均有一个镇街，稳定高强度类型区所在镇街如表 7 - 4 所示：

表 7 - 4　　　　　　　　　稳定高强度类型区统计

城市	区县	镇街
佛山市	禅城区	祖庙街道
广州市	白云区	景泰街道、三元里街道、棠景街道
	海珠区	滨江街道、昌岗街道、赤岗街道、海幢街道、江南中街道、龙凤街道、南华西街道、南石头街道、沙园街道、素社街道、新港街道
	荔湾区	彩虹街道、昌华街道、多宝街道、逢源街道、花地街道、华林街道、金花街道、岭南街道、龙津街道、南源街道、西村街道、站前街道
	天河区	林和街道、沙东街道、沙河街道、石牌街道、天河南街道、兴华街道
	越秀区	北京街道、大东街道、大塘街道、大新街道、东风街道、东湖街道、光塔街道、广卫街道、洪桥街道、华乐街道、黄花岗街道、建设街道、矿泉街道、流花街道、六榕街道、梅花村街道、农林街道、诗书街道、珠光街道
深圳市	罗湖区	南湖街道
珠海市	香洲区	狮山街道

快速增长类型区：此类型区在 1980 年的分布无明显特征，在低强度、较低强度、中等强度及较高强度均有分布，但是随着时间的推移，其人类活动强度不断增加且增长速度快，2015 年较 1980 年的人类活动强度均有大幅度的提高，2015 年，大部分镇街处于高强度及较高强度类型区，此类型区是人类活动强度增加最快的地区，主要位于广州、佛山、东莞及深圳等城市，在肇庆、惠州等城市的中心城区镇街也有分布，快速增长类型区如表 7 - 5 所示。

表 7 - 5　　　　　　　　　　快速增长类型区统计

城市	区县	镇街
东莞市	—	茶山镇、常平镇、大朗镇、大岭山镇、东城街道、东坑镇、高埗镇、莞城街道、横沥镇、寮步镇、南城街道、桥头镇、石碣镇、石龙镇、石排镇、万江街道、长安镇
佛山市	禅城区	南庄镇、石湾镇街道、张槎街道
	南海区	大沥镇、桂城街道、狮山镇
	顺德区	北滘镇、陈村镇、大良街道、乐从镇、勒流街道、龙江镇、伦教街道、容桂街道
广州市	白云区	黄石街道、嘉禾街道、金沙街道、京溪街道、均禾街道、石井街道、松洲街道、同德街道、新市街道、永平街道
	番禺区	大石街道、东环街道、洛浦街道、南村镇、桥南街道、石壁街道、市桥街道、小谷围街道、钟村街道
	海珠区	凤阳街道、官洲街道、江海街道、南洲街道、琶洲街道、瑞宝街道
	花都区	新华街道、新雅街道、秀全街道
	黄埔区	东区街道、荔联街道、南岗街道、文冲街道、夏港街道、永和街道、鱼珠街道
	荔湾区	白鹤洞街道、茶滘街道、冲口街道、东漖街道、东沙街道、海龙街道、桥中街道、沙面街道、石围塘街道、中南街道
	天河区	车陂街道、黄村街道、猎德街道、前进街道、棠下街道、天园街道、五山街道、冼村街道、新塘街道、元岗街道、员村街道、长兴街道、珠吉街道
	越秀区	白云街道、登峰街道、人民街道
	增城区	新塘镇

城市	区县	镇街
惠州市	惠城区	惠环街道、江北街道、桥东街道、桥西街道
江门市	鹤山市	沙坪街道
	江海区	江南街道、外海街道
	蓬江区	白沙街道、潮连街道、环市街道
深圳市	宝安区	大浪街道、福永街道、公明街道、观澜街道、华龙街道、民治街道、沙井街道、松岗街道、新安街道
	福田区	福田街道、华富街道、莲花街道、南园街道、沙头街道、香蜜湖街道、园岭街道
	龙岗区	坂田街道、布吉街道、横岗街道、坑梓街道、龙岗街道、南湾街道、平湖街道
	罗湖区	翠竹街道、东门街道、东晓街道、桂园街道、黄贝街道、笋岗街道
	南山区	南山街道、南头街道、蛇口街道、粤海街道、招商街道
	盐田区	海山街道
肇庆市	端州区	端州城区
中山市	—	东凤镇、东升镇、古镇镇、南头镇、三乡镇、石岐区街道、西区街道、小榄镇、中山港街道
珠海市	香洲区	翠香街道、拱北街道、吉大街道、梅华街道

　　稳定增长类型区：此类型区的镇街在 1980 年大部分处于低强度及较低强度类型区，整体人类活动强度较低，随着时间的推移，其人类活动强度不断增加，但是整体幅度小于快速增长类型区，处于平稳增长过程。2015 年此类型区的镇街主要分布在较高强度及中等强度类型区，较低强度类型区也有部分分布。此类型区的镇街主要处于珠江三角洲核心区除去稳定高强度类型区及快速增长类型区的镇街，稳定增长类型区如表 7–6 所示。

表7-6 稳定增长类型区统计

城市	区县	镇街
东莞市	—	道滘镇、凤岗镇、洪梅镇、厚街镇、虎门镇、黄江镇、麻涌镇、企石镇、清溪镇、沙田镇、塘厦镇、望牛墩镇、谢岗镇、樟木头镇、中堂镇
佛山市	高明区	荷城街道
	南海区	丹灶镇、九江镇、里水镇、西樵镇
	三水区	白坭镇、大塘镇、乐平镇、芦苞镇、西南街道、云东海街道
	顺德区	均安镇、杏坛镇
广州市	白云区	江高镇、人和镇、太和镇、同和街道、钟落潭镇
	从化区	城郊街道、街口街道
	番禺区	大岗镇、大龙街道、东涌镇、化龙镇、榄核镇、沙头街道、沙湾街道、石楼镇、新造镇
	海珠区	华洲街道
	花都区	赤坭镇、花城街道、花东镇、花山镇、狮岭镇、炭步镇
	黄埔区	大沙街道、红山街道、黄埔街道、九龙镇、联和街道、萝岗街道、穗东街道、长洲街道
	南沙区	横沥镇、黄阁镇、龙穴街道、南沙街道、珠江街道
	天河区	凤凰街道、龙洞街道
	增城区	荔城街道、石滩镇、仙村镇、永宁街道、增江街道
惠州市	博罗县	龙溪镇、石湾镇、园洲镇
	惠城区	陈江街道、河南岸街道、江南街道、沥林镇、龙丰街道、马安镇、三栋镇、水口街道、潼侨镇、小金口街道、西区街道（惠阳区）、霞涌街道、新墟镇
	惠东县	平山街道
	惠阳区	澳头街道、淡水街道、秋长街道、三和街
江门市	开平市	恩平市：恩城街道；鹤山市：共和镇、古劳镇、桃源镇、雅瑶镇；江海区：礼乐街道
		赤坎镇、三埠街道、水口镇、长沙街道；新会区
		蓬江区：杜阮镇、荷塘镇、棠下镇；台山市：大江镇、台城街道
	新会区	大泽镇、会城街道、睦洲镇、司前镇

续表

城市	区县	镇街
深圳市		宝安区：光明街道、石岩街道、西乡街道；福田区：梅林街道
	龙岗区	大鹏街道、龙城街道、坪地街道、坪山街道
	罗湖区	东湖街道、莲塘街道、清水河街道
	南山区	沙河街道、桃源街道、西丽街道
	盐田区	梅沙街道、沙头角街道、盐田街道
肇庆市	德庆县	德城街道
	鼎湖区	广利街道、桂城街道、永安镇
	高要区	白土镇、金利镇、南岸街道、新桥镇
	四会市	城中街道、大沙镇、东城街道
中山市	—	板芙镇、大涌镇、东区街道、阜沙镇、港口镇、横栏镇、黄圃镇、民众镇、南朗镇、南区街道、三角镇、沙溪镇、神湾镇、坦洲镇
珠海市	斗门区	白蕉镇、白藤街道、斗门镇、井岸镇、乾务镇
	金湾区	红旗镇、南水镇、平沙镇、三灶镇、横琴镇、南屏镇
	香洲区	前山街道、唐家湾镇、湾仔街道

稳定低强度类型区：此类型区的镇街整体人类活动强度小且增长速度慢，此类型区的镇街在1980年及2015年均处于低强度及较低强度类型区，虽然人类活动强度有所增加，但是整体增加幅度很小，这一区域主要分布在外围地区的肇庆、江门及惠州部分镇街，稳定低强度类型区如表7-7所示。

表7-7　　　　　　　　　　　稳定低强度类型区统计

城市	区县	镇街
佛山市	高明区	更合镇、明城镇、杨和镇
	三水区	南山镇

续表

城市	区县	镇街
广州市	从化区	鳌头镇、江埔街道、良口镇、吕田镇、太平镇、温泉镇
	花都区	梯面镇
	南沙区	万顷沙镇
	增城区	派潭镇、小楼镇、正果镇、中新镇、朱村街道
惠州市	博罗县	柏塘镇、福田镇、公庄镇、观音阁镇、横河镇、湖镇镇、龙华镇、罗阳镇、麻陂镇、石坝镇、泰美镇、杨村镇、杨侨镇、长宁镇
	惠城区	横沥镇、芦洲镇、汝湖镇、潼湖镇
	惠东县	安墩镇、白花镇、白盆珠镇、宝口镇、大岭镇、多祝镇、高潭镇、黄埠镇、吉隆镇、梁化镇、平海镇、稔山镇、铁涌镇
	惠阳区	良井镇、平潭镇、沙田镇、永湖镇、镇隆镇
	龙门县	地派镇、蓝田瑶族乡、龙城街道、龙华镇、龙江镇、龙潭镇、龙田镇、麻榨镇、平陵镇、永汉镇
江门市	恩平市	大槐镇、大田镇、东成镇、横陂镇、君堂镇、良西镇、那吉镇、牛江镇、沙湖镇、圣堂镇
	鹤山市	鹤城镇、龙口镇、双合镇、宅梧镇、址山镇
	开平市	百合镇、苍城镇、赤水镇、大沙镇、金鸡镇、龙胜镇、马冈镇、沙塘镇、塘口镇、蚬冈镇、月山镇
	台山市	白沙镇、北陡镇、赤溪镇、冲蒌镇、川岛镇、都斛镇、斗山镇、端芬镇、广海镇、海宴镇、三合镇、深井镇、水步镇、四九镇、汶村镇
	新会区	大鳌镇、古井镇、罗坑镇、三江镇、沙堆镇、双水镇、崖门镇
深圳市	龙岗区	葵涌街道、南澳街道
肇庆市	德庆县	播植镇、凤村镇、高良镇、官圩镇、回龙镇、九市镇、马圩镇、莫村镇、武垄镇、新圩镇、永丰镇、悦城镇
	鼎湖区	凤凰镇、坑口街道、莲花镇、沙浦镇
	端州区	北岭山林场、黄岗镇、睦岗街道
	封开县	白垢镇、大玉口镇、大洲镇、都平镇、河儿口镇、江川镇、江口镇、金装镇、莲都镇、罗董镇、南丰镇、平凤镇、杏花镇、渔涝镇、长安镇、长岗镇
	高要区	白诸镇、大湾镇、河台镇、回龙镇、活道镇、蛟塘镇、金渡镇、乐城镇、莲塘镇、禄步镇、水南镇、蚬岗镇、小湘镇

· 173 ·

城市	区县	镇街
肇庆市	广宁县	北市镇、宾亨镇、赤坑镇、古水镇、横山镇、江屯镇、坑口镇、螺岗镇、木格镇、南街镇、排沙镇、石咀镇、潭布镇、五和镇、洲仔镇
	怀集县	坳仔镇、大岗镇、凤岗镇、甘洒镇、岗坪镇、怀城镇、蓝钟镇、冷坑镇、连麦镇、梁村镇、马宁镇、洽水镇、桥头镇、诗洞镇、汶朗镇、下帅壮族瑶族乡、永固镇、闸岗镇、中洲镇
	四会市	地豆镇、黄田镇、江谷镇、迳口镇、龙甫镇、罗源镇、石狗镇、威整镇、下茆镇、贞山街道
中山市		五桂山街道
珠海市		莲洲镇（斗门区）、香湾街道（香洲区）

7.3 基于类型区划分的道路交通影响分析

7.3.1 时间演化特征

以整体的珠江三角洲历年人类活动强度大小为基础，分析人类活动强度的时间演化整体特征。珠江三角洲人类活动强度变化如图7-1所示。

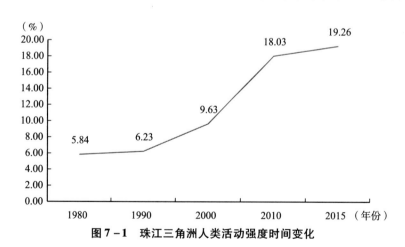

图7-1 珠江三角洲人类活动强度时间变化

　　珠江三角洲人类活动强度大致以 1990 年为分界点，1980—1990 年增长速度较慢，1980 年为 5.84%，1990 年为 6.23%，1990—2000 年人类活动强度年均增长率为 0.04%。1990 年之后，由于改革开放的不断推进，到 2000 年人类活动强度大小达到 9.63%，年均增长率为 0.34%。2000 年之后，增长速度进一步加快，到 2010 年达到 18.03%，年均增长率为 0.84%。2010 年之后，增加速度开始放缓，到 2015 年达到 19.26%，年均增长率为 0.25%。整体分析 1980—2015 年的情况可以发现，人类活动强度年均增长率为 0.38%。

　　从时间上来看，不论是土地利用规模的变化、景观格局的变化、道路交通网络的演化以及道路交通等因素对土地利用规模和格局的影响，均存在着较为一致的时间变化特征：1980—1990 年的缓慢变化阶段、1990—2010 年的快速变化阶段及 2010—2015 年的平稳变化阶段。这一特征与人类活动强度表现出的时间演化特征基本一致。

　　随着人类活动强度的不断增加，不同土地利用类型的规模发生变化，主要表现就是建设用地的不断增加、耕地及林地的不断减少，土地利用规模的改变进一步对区域整体的景观格局，如破碎化、形状、聚集状态及多样性产生影响，在 1980—1990 年，人类活动强度处于缓慢增加状态，土地利用规模和强度格局的变化较为缓慢，1990—2010 年，随着人类活动强度增加速度的加快，对土地利用规模和强度格局的影响逐渐加强，导致了在这一阶段土地利用规模和强度格局变化剧烈，在 2010 年之后，人类活动强度趋于稳定，人类活动强度对土地利用规模和强度格局的影响逐渐趋于稳定，进而导致了在这一阶段土地利用规模和景观格局变化逐渐趋于稳定。

　　对于交通网络的演化，由于人类活动景观的增加是需要交通基础设施来支撑的，因此在 1980—1990 年，交通线路处于缓慢增加以满足人类活动的需求，在 1990—2010 年，随着人类活动景观增加速度的加快，需要交通线路的快速增加来满足人类活动需求，在 2010 年之后，人类活动景观趋于稳定后，整体交通网络的需求逐渐趋于稳定，导致了在这一阶段交通网络增加逐渐趋于稳定。

7.3.2　空间分布特征

　　人类活动强度类型区表现出明显的圈层结构，与道路交通对土地利用规模和景观格局影响的分布具有相似性。稳定高强度类型区主要分布在广州市，在佛山、珠海及深圳均只有一个镇街，且基本位于珠江三角洲最核心圈层；快速增长类型区主要分布在广州、佛山、东莞及深圳等城市，在肇庆、惠州等城市的中心城区镇街也有分布，主要分布在核心区外围；稳定增长类型区主要处于珠江三角洲核心区除去稳定高强度类型区及快速增长类型区的其他地区；稳定低强度类型区主要分布在外围地区的肇庆、江门及惠州等部分镇街。类型区划分结果表现出明显的圈层分布结构，这与影响因素的分布特征基本一致。

　　对于 1980 年、1990 年、2000 年、2010 年及 2015 年珠江三角洲的土地利用规模及景观格局变化、道路交通等因素对于土地利用规模和景观格局影响的空间分布均存在以广州市中心城区为核心向外逐渐递增或者递减的趋势，且中心（广州中心城区）—两极化（惠州、肇庆及江门等周边地区）趋势十分明显。这一特征与基于人类活动强度的珠江三角洲类型区划分表现出的总体空间分布特征基本一致：1980 — 2015 年人类活动强度呈现出以广州—佛山为核心向外递减的圈层分布结构，且扩展方向主要沿佛山—广州—东莞—深圳进行。

　　土地利用规模及景观格局与人类活动强度表现出的分布特征基本一致，主要由于整体上建设用地是受人类改造最为彻底的用地类型。由于历史原因，珠江三角洲人类活动强度整体呈现出以广州为核心向外递减的趋势，导致建设用地的分布趋势与此类似。而且，由于广州、佛山、深圳及东莞等核心区随着人类活动强度不断增强，建设用地所占比例也逐渐增加，部分镇街建设用地占比甚至超过 90%，建设用地比例的增加，导致了核心区各镇街的土地利用破碎度降低、形状度降低、多样性水平降低及聚集度变高，进一步对景观格局产生了影响。交通网络分布特征的影响主要与不同镇街人类活动强度对于交通的需求息息相关。

　　道路交通等因素对土地利用规模和景观格局的影响整体呈现出以广州市中心城区为中心，向外逐渐变化的趋势，而且整体的两极化分布趋势非常明显。其形成的主要原因是人类活动强度较高的地区，主要以建设用地为主，随着栅格可达性等影响因素的改变，其改变更容易导致极端情况，从而导致这些地区明显区别于其他地区。对于周边的惠州、肇庆及江门等地区，各镇街的人类活动强度整体较小，并且其改变量也较小，基本以林地或者耕地为主，导致栅格可达性等指标的改变与中心城区处于明显的相反方向。对于其他地区，整体人类活动强度改变水平较高，用地变化剧烈，导致栅格可达性等指标的影响也处于较高水平。

　　以栅格可达性为例具体分析，栅格可达性对于建设用地的影响以广州市中心城区外围镇街的正向影响最大，这主要是由于中心城区外围镇街的人类活动强度基本处于快速增长类型区，受交通基础设施建设影响的潜力较大；耕地方面，整体上肇庆、江门、中山、珠海及深圳的负向影响最小，广州市白云区及其周边的负向作用最大，形成的原因是广州市中心城区人类活动强度较大，整体上以建设用地为主，耕地面积分布较小，交通基础设施建设的影响程度变小，中山、珠海及深圳基本处于快速增长类型区及稳定增长类型区，交通基础设施建设的耕地影响潜力较大，外围地区基于处于稳定低强度类型区，人类活动强度改变不大，对交通基础设施的影响处于较低水平。

　　通过基于类型区划分的人类活动强度时空演化特征进行道路交通发展对土地利用规模和景观格局的影响分析，在道路交通发展及土地利用相互关系理论中，人类活动作为关系理论中的重要一环有着十分重要的意义，其在对道路交通发展直接产生影响的基础上，进一步对土地利用规模和景观格局产生作用，成为连接道路交通与土地利用的关键因素，并且是人口、经济等外部因素对整个系统施加作用力的基础，因此，道路交通对土地利用规模和景观格局的影响与人类活动强度有着紧密的关系，尤其是在经济发达的珠江三角洲地区其影响更加紧密。根据人类活动强度变化情况将珠江三角洲划分为稳定高强度类型区、快速增长类型区、稳定增长类型区及稳定低强度类型区四种类型区。道路交通对土地利用规模和景观格局影响的时间演化特征及空间分布特征与基于人类活动强度划分的类型区空间分布及其时间演化特征基本一致，验证了在经济发达地区人类活动在道路交通及土地利用相互关系理论中的重要作用。

7.4 小 结

在道路交通及土地利用相互关系理论中，人类活动作为关系理论中的重要一环有着十分重要的意义，成为连接道路交通与土地利用的关键因素。以各镇街历年人类活动强度变化为主进行类型区划分，使用离差平方和方法将珠江三角洲划分为四种类型区：稳定高强度类型区；快速增长类型区；稳定增长类型区；稳定低强度类型区。研究表明，道路交通等因素对土地利用规模和景观格局的影响等表现出的时间演化特征及空间分布特征与类型区划分结果十分吻合。

从时间上来看，土地利用规模变化、景观格局变化及道路交通等因素对土地利用规模和景观格局的影响等均存在着较为一致的时间变化特征：1980—1990 年的缓慢变化阶段、1990—2010 年的快速变化阶段及2010—2015 年的平稳变化阶段，这一时间演化特征与人类活动强度表现出的时间演化特征基本一致。

从空间上看，土地利用规模变化、景观格局变化、道路交通网络演化以及道路交通等因素对土地利用规模和景观格局的影响均存在以广州市中心城区为核心向外逐渐变化的趋势，表现出的这种空间分布特征与四种类型区的空间分布特征基本一致。

第8章

结论与展望

8.1 结 论

（1）1980—2015 年，珠江三角洲道路交通设施水平得到了很大提高，基本形成了以高速公路为主的高等级公路网络系统，基础设施可达水平与各地区经济发展存在高度的一致性，核心地区高、外围地区低的特征明显。珠江三角洲公路网络密度整体处于不断增加的趋势，并对可达性空间格局产生影响。1980—2015 年，珠江三角洲的栅格可达性水平处于不断提高的趋势，除了呈现出以各市中心城区为核心的圈层结构外，整体上呈现出以广州、东莞和深圳为核心的圈层结构分布特征。

（2）道路交通发展与土地利用规模的相关关系非常紧密，尤其是栅格可达性表征的区域可达性水平与土地利用规模的相关性最强。直达性、中间性及邻接度表征的区域网络水平与土地利用规模的相关关系存在较大差异，直达性与土地利用规模的相关关系最为紧密。路网密度也与土地利用规模表现出了一定的相关性。此外，道路交通与土地利用规模的关系因土地利用/覆盖类型的不同而存在差异，相关性强的地类主要有建设用地、耕地和林地，而与分布广泛的水域及面积相对较小的草地及未利用土地的相关关系不显著。

（3）确定了土地利用的主要影响因素，道路交通相关指标选取栅格可达性、直达性及路网密度，其他因素选取坡度、人口密度及人均 GDP。基于 GWR 模型的研究表明，不同因素对于建设用地、耕地及林地规模的影响程度和方向存在较大的差异，但从整体上看，其影响的空间分布呈现出以广州市中心城区为中心，向外逐渐改变的趋势，且两极化分布特征非常明显，虽然部分影响因素的分布存在差异，但是这种整体分布特征是非常明显的。通过采用空间误差模型的研究表明，栅格可达性对建设用地规模一直产生正向作用，且作用力较强，对耕地及林地规模的影响存在正向和负向两种情况，时间以 2000 年为界，1980 — 1990 年产生正向影响，2000 — 2015 年产生负向影响。直达性对建设用地规模主要以正向作用为主，对耕地规模的影响不显著，仅在 1980 年产生负向影响，对林地规模产生显著的负向影响。路网密度对建设用地规模的影响差异较大，仅在 1980 年为正向作用，在 2000 年呈负向作用，对耕地规模仅在 1980 年和 2000 年产生正向影响，对林地规模均产生负向影响。坡度、人口密度及人均 GDP 等其他指标也产生显著影响，除去坡度的稳定影响外，栅格可达性的影响最为稳定且处于较高水平。

（4）1980—2015 年珠江三角洲景观破碎化程度和空间异质性水平不断加大，整体形状变得更加复杂多样，斑块的聚集程度不断降低、变得更加分散，多样性水平呈现不断增加的趋势，并且存在明显的阶段分布特征：2000—2010 年变化速度最快，在 2010—2015 年呈现出逐渐稳定的趋势。基于 GWR 模型的研究表明：与土地利用规模的影响基本一致，不同因素对于景观格局的影响程度和方向存在较大的差异，但是，从整体看影响系数的空间分布依然呈现出以广州市中心城区为核心，向外逐渐改变的圈层结构，整体存在的两极化分布趋势非常明显。通过采用空间误差模型的研究表明，各因素对 PARA_MN 分布的影响均处于较低水平，表明了区域形状特征的复杂性。各因素对 PD、AI 及 SHDI 的影响整体较为显著。栅格可达性对 PD 的影响仅在 1980 年、1990 年及

2010 年显著，对 AI 的影响较弱，仅在 1980 年及 1990 年产生负向作用，对 SHDI 的影响不显著，仅在 2000 年表现出负向作用。直达性对 PD 的影响从 2000 年开始显著，且一直为负向影响，对 AI 的影响力较强，且在 2000 年之后始终处于正向作用，对 SHDI 的影响逐渐加强，由 1980 年、1990 年不显著，到 2000 年开始产生显著的负向影响。路网密度对 PD 的整体影响不显著，仅在 2000 年处于较高水平，对 AI 的影响不显著，仅在 2000 年产生负向影响，对 SHDI 的影响力较弱，仅在 1980 年及 2000 年表现出显著的正向影响。坡度、人口密度及人均 GDP 的影响也较为显著，整体上除去坡度的稳定影响外，直达性的影响最为稳定且处于较高水平，栅格可达性的影响也较为显著。

（5）以地理探测器为研究方法，以建设用地扩张为基础研究道路交通对景观格局变化的影响，结果表明地理探测器是分析珠江三角洲建设用地扩张驱动力的有效方法，自然条件、经济社会发展水平及交通发展水平等因子均对城市空间扩张产生重要影响，同时不同影响因子之间存在一定的逻辑关系，各因子的交互作用影响远远超过单因子作用。提供了一种研究建设用地扩张影响因素及其相互作用的重要方法。

（6）在道路交通与土地利用相互关系理论中，人类活动作为关系理论中的重要一环有着十分重要的意义，成为连接道路交通与土地利用的关键因素。以各镇街历年人类活动强度变化为主进行类型区划分，使用离差平方和方法将珠江三角洲划分为四种类型区：稳定高强度类型区、快速增长类型区、稳定增长类型区及稳定低强度类型区。研究表明，道路交通等因素对土地利用规模和景观格局影响表现出的时间演化特征及空间分布特征与类型区划分结果十分吻合。从时间上来看，土地利用规模变化、道路网络演化、景观格局的变化以及道路交通发展等因素对土地利用规模和景观格局的影响，均存在着较为一致的时间变化特征：1980—1990 年的缓慢变化阶段、1990—2010 年的快速变化阶段及 2010—2015 年的平稳变化阶段，这一时间演化特征与人类活动表现出的时间演化特征基本一致。从空间上看，土地利用变化、道路网络演化、景观格局变化以及道路交通发展等因素对土地利用的影响存在以广州市中心城区为核心向外逐渐变化的趋势，表现出的这种空间分布特征与四种类型区的空间分布特征基本一致。

8.2　不足与展望

本书中的土地利用/覆盖数据主要来自遥感解译数据，对于与人们生产生活活动息息相关的建设用地内部不能进行识别，这在一定程度对研究造成了干扰。随着高空间分辨率遥感数据获取更加便捷，以及在线地图的精细化数据获取成本的降低，在未来研究中，可以以高精度的遥感数据及在线地图数据为基础，结合高空间分辨率遥感影像提供的丰富地表信息和 POI 及 AOI 数据提供的社会经济信息进行目视解译，从而更准确地提取城市精细土地利用信息，在完成城市内部精细土地利用在数据的基础上，通过对比历年遥感影像数据对历史年份的城市精细土地利用信息进行获取，最终获取历年的珠江三角洲精细土地利用信息数据库，基于精细土地利用信息数据库对城市内部进行研究将更加符合实际情况，研究结果更具针对性。

参 考 文 献

［1］包薇红，范兢．浅谈公路建设对生态环境的影响［J］．交通环保，2000（03）：42-44.

［2］蔡雪娇，程炯，吴志峰，等．珠江三角洲地区高速公路沿线景观格局变化研究［J］．生态环境学报，2012，21（01）：21-26.

［3］蔡雪娇，吴志峰，程炯．基于核密度估算的路网格局与景观破碎化分析［J］．生态学杂志，2012（01）：158-164.

［4］曹小曙，马林兵，颜廷真．珠江三角洲交通与土地利用空间关系研究［J］．地理科学，2007，27（06）：743-748.

［5］曹小曙，阎小培．经济发达地区交通网络演化对通达性空间格局的影响——以广东省东莞市为例［J］．地理研究，2003，22（03）：305-312.

［6］曹小曙，阎小培．珠江三角洲客、货运量的空间演化研究［J］．人文地理，2002，17（03）：66-68.

［7］陈晨，王法辉，修春亮．长春市商业网点空间分布与交通网络中心性关系研究［J］．经济地理，2013，33（10）：40-47.

［8］陈浮，陈刚，包浩生，等．城市边缘区土地利用变化及人文驱动力机制研究［J］．自然资源学报，2001，16（03）：204-210.

［9］陈辉，李双成，郑度．青藏公路铁路沿线生态系统特征及道路修建对其影响［J］．山地学报，2003，21（05）：559-567.

［10］陈利顶，傅伯杰．黄河三角洲地区人类活动对景观结构的影

响分析 [J]. 生态学报, 1996, 16 (4): 337 - 344.

[11] 崔鹏, 林勇明. 自然因素与工程作用对山区道路泥石流、滑坡形成的影响 [J]. 灾害学, 2007, 22 (03): 11 - 16.

[12] 董世魁, 崔保山, 刘世梁, 等. 滇缅国际通道沿线紫茎泽兰 (Eupatorium adenophorum) 的分布规律及其与环境因子的关系 [J]. 环境科学学报, 2008, 28 (02): 278 - 288.

[13] 段禾祥, 王崇云, 彭明春, 等. 大理至丽江高速公路建设对沿线景观格局的影响 [J]. 云南大学学报 (自然科学版), 2008, 30 (S1): 398 - 402.

[14] 富伟, 刘世梁, 崔保山, 等. 基于景观格局与过程的云南省典型地区道路网络生态效应 [J]. 应用生态学报, 2009, 20 (08): 1925 - 1931.

[15] 高文文. 流域尺度人类活动时空格局及水土流失效应分析 [D]. 北京: 中国林业科学研究院, 2017.

[16] 高杨, 吴志峰, 刘晓南, 等. 珠江三角洲景观空间格局分析 [J]. 热带地理, 2008, 28 (01): 26 - 31.

[17] 郭程轩, 徐颂军. 珠三角基塘湿地景观的梯度变化与生态环境响应——以广东佛山市顺德区为例 [C]. 中国地理学会 2009 百年庆典学术大会, 2009.

[18] 胡志斌, 何兴元, 李月辉, 等. 岷江上游地区人类活动强度及其特征 [J]. 生态学杂志, 2007, 26 (04): 539 - 543.

[19] 黄宁, 沓涛, 章伟婕, 等. 厦门市同安区不同扩展轴上的景观格局梯度分析与比较 [J]. 地理科学进展, 2009, 28 (05): 767 - 774.

[20] 黄勇, 李阳兵, 应弘. 渝宜高速 (重庆段) 对土地利用变化驱动及景观格局的响应 [J]. 自然资源学报, 2015 (09): 1449 - 1460.

[21] 蒋洁菲, 张瑾. 城市轨道交通周边土地综合开发模式研究——以珠三角城际为例 [J]. 中外建筑, 2014 (08): 118 - 119.

[22] 孔亚平, 王云, 张峰. 道路建设对野生动物的影响域研究进展 [J]. 四川动物, 2011, 30 (06): 986 - 991.

[23] 冷文芳, 刘志国, 肖笃宁, 等. 基于 TM 影像的秦皇岛市道路影响域研究 [C]. 中国江西南昌, 2011.

[24] 李佳洺, 陆大道, 徐成东, 等. 胡焕庸线两侧人口的空间分异性及其变化 [J]. 地理学报, 2017, 72 (1): 13.

[25] 李俊生, 张晓岚, 吴晓莆, 等. 道路交通的生态影响研究综述 [J]. 生态环境学报, 2009 (03): 1169 - 1175.

[26] 李沛权, 曹小曙. 广佛都市圈公路网络通达性及其空间格局 [J]. 经济地理, 2011, 31 (03): 371 - 378.

[27] 李双成, 许月卿, 周巧富, 等. 中国道路网与生态系统破碎化关系统计分析 [J]. 地理科学进展, 2004, 23 (5): 78 - 85.

[28] 李太安. 道路和城市化对中国景观破碎效应初步研究 [D]. 甘肃: 兰州大学, 2010.

[29] 李月辉, 胡远满, 李秀珍, 等. 道路生态研究进展 [J]. 应用生态学报, 2003, 14 (03): 447 - 452.

[30] 刘佳妮, 李伟强, 包志毅. 道路网络理论在景观破碎化效应研究中的运用——以浙江省公路网络为例 [J]. 生态学报, 2008 (09): 4352 - 4362.

[31] 刘世梁, 崔保山, 温敏霞. 道路建设的生态效应及对区域生态安全的影响 [J]. 地域研究与开发, 2007, 26 (03): 108 - 111.

[32] 刘世梁, 崔保山, 杨志峰, 等. 道路网络对澜沧江流域典型区土地利用变化的驱动分析 [J]. 环境科学学报, 2006a, 26 (01): 162 - 167.

[33] 刘世梁, 崔保山, 杨志峰, 等. 高速公路建设对山地景观格局的影响——以云南省澜沧江流域为例 [J]. 山地学报, 2006b, 24 (01): 54 - 59.

[34] 刘世梁, 郭旭东, 傅伯杰, 等. 道路网络对黄土高原过渡区

土地生态安全的影响 [J]. 干旱区研究, 2006, 23 (01): 126 - 132.

［35］刘世梁, 刘琦, 王聪, 等. 基于地理加权回归的漫湾库区景观破碎化及影响因子分析 [J]. 地理科学, 2014 (07): 856 - 862.

［36］刘世梁, 温敏霞, 崔保山, 等. 道路网络扩展对区域生态系统的影响——以景洪市纵向岭谷区为例 [J]. 生态学报, 2006, 26 (09): 3018 - 3024.

［37］刘世梁, 温敏霞, 崔保山, 等. 道路影响域的界定及其空间分异规律——以纵向岭谷区为例 [J]. 地理科学进展, 2008, 27 (04): 122 - 128.

［38］刘世梁, 温敏霞, 崔保山, 等. 基于空间分析方法和GIS的区域道路网络特征分析 [J]. 山地学报, 2008, 26 (04): 459 - 466.

［39］刘世梁, 温敏霞, 崔保山. 不同道路类型对澜沧江流域景观的生态影响 [J]. 地理研究, 2007, 26 (03): 485 - 490.

［40］刘彦随, 杨忍. 中国县域城镇化的空间特征与形成机理 [J]. 地理学报, 2012, 67 (8): 10.

［41］刘彦随. 中国土地可持续利用论 [M]. 北京: 科学出版社, 2008.

［42］刘志强, 李翠翠, 李俊, 等. 道路的生态学研究进展 [J]. 生态经济, 2015, 31 (9): 170 - 175.

［43］梅志雄, 徐颂军, 欧阳军. 珠三角公路网络可达性空间格局及其演化 [J]. 热带地理, 2014, 34 (01): 27 - 33.

［44］潘丽娟, 张慧, 刘爱利. 重庆市道路网络影响景观破碎化的阈值分析 [J]. 生态科学, 2015, 34 (05): 45 - 51.

［45］亓朋, 艾洪山, 徐昱东, 等. 中国各地区生态福利绩效评价及贸易开放影响效应研究 [M]. 北京: 经济管理出版社, 2020.

［46］沈毅, 李太安. 对中国道路生态破碎效应的初步研究: 2010中国交通发展论坛 [C]. 上海, 2010.

［47］唐利, 邵景安, 郭跃, 等. 社区水平森林景观格局动态特征

与驱动因素 [J]. 生态学报, 2016, 37 (6): 1-17.

[48] 汪桂生, 颉耀文, 王学强. 黑河中游历史时期人类活动强度定量评价——以明、清及民国时期为例 [J]. 中国沙漠, 2013, 33 (04): 1225-1234.

[49] 王金哲, 张光辉, 聂振龙, 等. 滹沱河流域平原区人类活动强度的定量评价 [J]. 干旱区资源与环境, 2009, 23 (10): 41-44.

[50] 王劲峰, 徐成东. 地理探测器: 原理与展望 [J]. 地理学报, 2017, 72 (1): 19.

[51] 王丽, 曾辉. 深圳市道路网络结构特征的成因及其景观格局效应 [J]. 地理研究, 2012, 31 (05): 853-862.

[52] 王少剑, 王洋, 蔺雪芹, 等. 中国县域住宅价格的空间差异特征与影响机制 [J]. 地理学报, 2016, 71 (8): 14.

[53] 王天巍. 黄河三角洲道路网络特征及其对生态影响的研究 [D]. 华中农业大学, 2008.

[54] 王振波, 徐建刚, 朱传耿, 等. 中国县域可达性区域划分及其与人口分布的关系 [J]. 地理学报, 2010, 65 (04): 416-426.

[55] 王政权. 地统计学及在生态学中的应用 [M]. 北京: 科学出版社, 1999.

[56] 文英. 人类活动强度定量评价方法的初步探讨 [J]. 科学对社会的影响, 1998 (04): 56-61.

[57] 肖笃宁. 景观生态学理论、方法及应用 [M]. 北京: 中国林业出版社, 1991.

[58] 谢栋灿. 基于互联网地图服务的城市一日交流圈分析——以沪宁杭三市为例: 2016 中国城市规划年会 [C]. 规划 60 年: 成就与挑战—2016 年中国城市规划年会论文集, 2016.

[59] 谢余初, 巩杰, 钱大文, 等. 国道 312 酒泉——嘉峪关段公路沿线景观格局变化 [J]. 干旱区研究, 2013, 30 (06): 1056-1063.

[60] 谢余初, 巩杰, 王合领, 等. 绿洲城市不同道路扩展轴的景

观梯度变化对比研究 [J]. 地理科学, 2013 (12): 1434 – 1441.

[61] 徐丽丽. 盐城市道路网络对景观格局的影响和累积效应分析 [D]. 南京: 南京信息工程大学, 2015.

[62] 徐小任, 徐勇. 黄土高原地区人类活动强度时空变化分析 [J]. 地理研究, 2017, 36 (04): 661 – 672.

[63] 徐勇, 孙晓一, 汤青. 陆地表层人类活动强度: 概念、方法及应用 [J]. 地理学报, 2015, 70 (7): 1068 – 1079.

[64] 徐昱东. 俄罗斯地区营商环境与中资进入的区位选择研究 [M]. 北京: 中国社会科学出版社, 2019.

[65] 徐志刚, 庄大方, 杨琳. 区域人类活动强度定量模型的建立与应用 [J]. 地球信息科学学报, 2009, 11 (04): 452 – 460.

[66] 阎建忠, 张镱锂, 刘林山, 等. 高原交通干线对土地利用和景观格局的影响——以兰州至格尔木段为例 [J]. 地理学报, 2003, 58 (1): 34 – 44.

[67] 杨家文, 周一星. 通达性: 概念, 度量及应用 [J]. 地理学与国土研究, 1999, 15 (02): 62 – 67.

[68] 杨忍, 刘彦随, 龙花楼, 等. 中国村庄空间分布特征及空间优化重组解析 [J]. 地理科学, 2016, 36 (2): 10.

[69] 叶笃正, 符淙斌, 季劲钧, 等. 有序人类活动与生存环境 [J]. 地球科学进展, 2001, 16 (04): 453 – 460.

[70] 俞龙生, 符以福, 喻怀义, 等. 快速城市化地区景观格局梯度动态及其城乡融合区特征——以广州市番禺区为例 [J]. 应用生态学报, 2011 (01): 171 – 180.

[71] 张慧, 沈渭寿, 张华, 等. 青藏铁路建设对沿线景观格局的影响 [J]. 农村生态环境, 2004, 20 (03): 20 – 23.

[72] 张玲玲, 赵永华, 殷莎, 等. 基于移动窗口法的岷江干旱河谷景观格局梯度分析 [J]. 生态学报, 2014, 34 (12): 3276 – 3284.

[73] 张筱林, 陈健飞. 珠三角东缘低山丘陵区土地利用景观格局

分析——以惠州市惠城区为例：2010 全国山区土地资源开发利用与人
地协调发展学术研讨会［C］.中国山区土地资源开发利用与人地协调发
展研究，2010.

［74］张镱锂，阎建忠，刘林山，等.青藏公路对区域土地利用和
景观格局的影响——以格尔木至唐古拉山段为例［J］.地理学报，
2002，57（3）：253－266.

［75］郑树峰，王丽萍，臧淑英.大兴安岭天保工程区生态系统服
务变化研究［J］.地理科学，2021，41（7）：8.

［76］郑文武，田亚平，邹君，等.南方红壤丘陵区人类活动强度
的空间模拟与特征分析——以衡阳盆地为例［J］.地球信息科学学报，
2010，12（05）：628－633.

［77］朱会义，何书金，张明.环渤海地区土地利用变化的驱动力
分析［J］.地理研究，2001，20（06）：669－678.

［78］Achmad A，Hasyim S，Dahlan B，et al. Modeling of urban
growth in tsunami-prone city using logistic regression：Analysis of Banda
Aceh，Indonesia［J］.Applied Geography，2015，62：237－246.

［79］Aljoufie M，Brussel M，Zuidgeest M，et al. Urban growth and
transport infrastructure interaction in Jeddah between 1980 and 2007［J］.
International Journal of Applied Earth Observation and Geoinformation，
2013，21：493－505.

［80］Aljoufie M，Zuidgeest M，Brussel M，et al. Spatial-temporal
analysis of urban growth and transportation in Jeddah City，Saudi Arabia［J］.
Cities，2013，31：57－68.

［81］Alvarez E，Franch X，Martí－Henneberg J. Evolution of the Ter-
ritorial Coverage of the Railway Network and its Influence on Population
Growth：The Case of England and Wales，1871－1931［J］.Physica A，
2013，46（3）：175－191.

［82］Anselin L. Spatial Econometrics：Methods and Models［M］.

Springer Netherlands, 1988.

[83] Antrop M. Landscape change and the urbanization process in Europe [J]. Landscape and Urban Planning, 2004, 67 (1 –4): 9 – 26.

[84] Antrop M. Why landscapes of the past are important for the future [J]. Landscape and Urban Planning, 2005, 70 (1 –2): 21 –34.

[85] Atack J, Bateman F, Haines M, et al. Did Railroads Induce or Follow Economic Growth? Urbanization and Population Growth in the American Midwest, 1850 – 1860 [J]. Social Science History, 2010, 34 (2): 171 –197.

[86] Ayazli I E, Kilic F, Lauf S, et al. Simulating urban growth driven by transportation networks: A case study of the Istanbul third bridge [J]. Land Use Policy, 2015, 49: 332 –340.

[87] Bangs E E, Bailey T N, Portner M F. Survival rates of adult female moose on the Kenai Peninsula, Alaska [J]. The Journal of Wildlife Management, 1989: 557 –563.

[88] Batisani N, Yarnal B. Urban expansion in Centre County, Pennsylvania: Spatial dynamics and landscape transformations [J]. Applied Geography, 2009, 29 (2): 235 –249.

[89] Baum – Snow N. Did highways cause suburbanization? [J]. Quarterly Journal of Economics, 2007, 122 (2): 775 –805.

[90] Beevers L, Douven W, Lazuardi H, et al. Cumulative impacts of road developments in floodplains [J]. Transportation Research Part D: Transport and Environment, 2012, 17 (5): 398 –404.

[91] Benítez – López A, Alkemade R, Verweij P A. The impacts of roads and other infrastructure on mammal and bird populations: A meta-analysis [J]. Biological Conservation, 2010, 143 (6): 1307 –1316.

[92] Bertolini L. Integrating Mobility and Urban Development Agendas: a Manifesto [J]. 2012, 48 (1): 16 –26.

［93］ Beyzatlar M A, Kustepeli Y. Infrastructure, Economic Growth and Population Density in Turkey ［J］. Smart Energy in the Smart City, 2011, 4 （3）: 39 −57.

［94］ Bhatta B. Analysis of urban growth and sprawl from remote sensing data ［M］. Springer, 2010.

［95］ Bissonette J A, Rosa S A. Road Zone Effects in Small − Mammal Communities ［J］. Ecology & Society, 2009, 14 （1）: 124.

［96］ Black J, Conroy M. Accessibility measures and the social evaluation of urban structure ［J］. Environment & Planning A, 1977, 9 （9）: 1013 −1031.

［97］ Boarman W I, Sazaki M. A highway's road-effect zone for desert tortoises （Gopherus agassizii）［J］. Journal of Arid Environments, 2006, 65 （1）: 94 −101.

［98］ Bodin Ö, Saura S. Ranking individual habitat patches as connectivity providers: Integrating network analysis and patch removal experiments ［J］. Ecological Modelling, 2010, 221 （19）: 2393 −2405.

［99］ Bollinger C R, Ihlanfeldt K R. The Impact of Rapid Rail Transit on Economic Development: The Case of Atlanta's Marta ［J］. 1997, 42 （2）: 179 −204.

［100］ Bollinger C R, Ihlanfeldt K R. The intraurban spatial distribution of employment: which government interventions make a difference? ［J］. Journal of Urban Economics, 2003, 53 （3）: 396 −412.

［101］ Braimoh A K, Onishi T. Spatial determinants of urban land use change in Lagos, Nigeria ［J］. Land Use Policy, 2007, 24 （2）: 502 −515.

［102］ Brandt J, Primdahl J, Reenberg A. Rural land use and landscape dynamics: analysis of driving factors in space and time ［J］. Landsbsoekologiske Skrifter, 1999.

［103］ Brinkmann K, Schumacher J, Dittrich A, et al. Analysis of landscape transformation processes in and around four West African cities over the last 50 years [J]. Landscape and Urban Planning, 2012, 105 (1 – 2): 94 – 105.

[104] Brunsdon C, Fotheringham A S, Charlton M E. Geographically Weighted Regression: A Method for Exploring Spatial Nonstationarity [J]. Geographical Analysis, 1996, 28 (4): 281 – 298.

[105] Brunsdon C, Fotheringham A S, Charlton M. Some Notes on Parametric Significance Tests for Geographically Weighted Regression [J]. Journal of Regional Science, 1999, 39 (3): 497 – 524.

[106] Buchanan B P, Falbo K, Schneider R L, et al. Hydrological impact of roadside ditches in an agricultural watershed in Central New York: implications for non-point source pollutant transport [J]. Hydrological Processes, 2013, 27 (17): 2422 – 2437.

[107] Burchfield M, Overman H G, Puga D, et al. Causes of sprawl: A portrait from space [J]. Quarterly Journal of Economics, 2006, 121 (2): 587 – 633.

[108] Burgi M, Hersperger A M, Schneeberger N. Driving forces of landscape change-current and new directions [J]. Landscape Ecology, 2004, 19 (8): 857 – 868.

[109] Busch G. Future European agricultural landscapes – What can we learn from existing quantitative land use scenario studies? [J]. Agriculture Ecosystems & Environment, 2006, 114 (1): 121 – 140.

[110] Butzen V, Seeger M, Wirtz S, et al. Quantification of Hortonian overland flow generation and soil erosion in a Central European low mountain range using rainfall experiments [J]. Catena, 2014, 113: 202 – 212.

[111] Cai X, Wu Z, Cheng J. Using kernel density estimation to assess the spatial pattern of road density and its impact on landscape fragmentation [J]. International Journal of Geographical Information Science Ijgis,

2013, 27 (2): 222 – 230.

[112] Cai Y, Zhang H, Pan W, et al. Urban expansion and its influencing factors in Natural Wetland Distribution Area in Fuzhou City, China [J]. Chinese Geographical Science, 2012, 22 (5): 568 – 577.

[113] Carrion – Flores C, Irwin E G. Determinants of residential land-use conversion and sprawl at the rural-urban fringe [J]. American Journal of Agricultural Economics, 2004, 86 (4): 889 – 904.

[114] Castella J C, Manh P H, Kam S P, et al. Analysis of village accessibility and its impact on land use dynamics in a mountainous province of northern Vietnam [J]. Applied Geography, 2005, 25 (4): 308 – 326.

[115] Cervero R. Transit – Oriented Development's Ridership Bonus: A Product of Self – Selection and Public Policies [J]. Environment and Planning A, 2007, 39 (9): 2068 – 2085.

[116] Cervero R, Landis J. Twenty years of the Bay Area Rapid Transit system: land use and development impacts [J]. Transportation Research, Part A (Policy and Practice), 1997, 31A (4): 309 – 332.

[117] Chaudhuri G, Clarke K C. On the Spatiotemporal Dynamics of the Coupling between Land Use and Road Networks: Does Political History Matter? [J]. Environment and Planning B: Planning and Design, 2015, 42 (1): 133 – 156.

[118] Chen C. CiteSpace II: Detecting and visualizing emerging trends and transient patterns in scientific literature [J]. Journal of the American Society for Information Science and Technology, 2006, 57 (3): 359 – 377.

[119] Cheng J, Masser I. Urban growth pattern modeling: a case study of Wuhan city, PR China [J]. Landscape and Urban Planning, 2003, 62 (4): 199 – 217.

[120] Chi G. The impacts of highway expansion on population change: an integrated spatial approach [J]. Journal of Geographic Information Sys-

tem, 2010, 75 (1): 58.

[121] Cifaldi R L, David Allan J, Duh J D, et al. Spatial patterns in land cover of exurbanizing watersheds in southeastern Michigan [J]. Landscape and Urban Planning, 2004, 66 (2): 107 – 123.

[122] Coffin A W. From roadkill to road ecology: A review of the ecological effects of roads [J]. Journal of Transport Geography, 2007, 15 (5): 396 – 406.

[123] Collins A L, Walling D E, Stroud R W, et al. Assessing damaged road verges as a suspended sediment source in the Hampshire Avon catchment, southern United Kingdom [J]. Hydrological Processes, 2010, 24 (9): 1106 – 1122.

[124] Conway T M. Current and future patterns of land-use change in the coastal zone of New Jersey [J]. Environment & Planning B Planning & Design, 2005, 32 (6): 877 – 893.

[125] Conway T, Hackworth J. Urban pattern and land cover variation in the greater Toronto area [J]. Canadian Geographer – Geographe Canadien, 2007, 51 (1): 43 – 57.

[126] Croke J, Mockler S. Gully initiation and road-to-stream linkage in a forested catchment, southeastern Australia [J]. Earth Surface Processes and Landforms, 2001, 26 (2): 205 – 217.

[127] Croke J, Mockler S, Fogarty P, et al. Sediment concentration changes in runoff pathways from a forest road network and the resultant spatial pattern of catchment connectivity [J]. Geomorphology, 2005, 68 (3 – 4): 257 – 268.

[128] Cushman S A, McGarigal K, Neel M C. Parsimony in landscape metrics: Strength, universality, and consistency [J]. Ecological Indicators, 2008, 8 (5): 691 – 703.

[129] Dagmar H, Henning N. The urban-to-rural gradient of land use

change and impervious cover: a long-term trajectory for the city of Leipzig [J]. Journal of Land Use Science, 2010, 5 (2): 123 – 141.

[130] Davenport J, Davenport J L. The Ecology of Transportation: Managing Mobility for the Environment [M]. Springer Netherlands, 2006.

[131] De Koning G H J, Veldkamp A, Fresco L O. Land use in Ecuador: A statistical analysis at different aggregation levels [J]. Agriculture Ecosystems and Environment, 1998, 70 (2 – 3): 231 – 247.

[132] Demirel H, Sertel E, Kaya S, et al. Exploring impacts of road transportation on environment: a spatial approach [J]. Desalination, 2008, 226 (1 – 3): 279 – 288.

[133] Dewan A M, Yamaguchi Y. Land use and land cover change in Greater Dhaka, Bangladesh: Using remote sensing to promote sustainable urbanization [J]. Applied Geography, 2009, 29 (3): 390 – 401.

[134] Dewitte O, Daoudi M, Bosco C, et al. Predicting the susceptibility to gully initiation in data-poor regions [J]. Geomorphology, 2015, 228: 101 – 115.

[135] Douven W, Buurman J, Beevers L, et al. Resistance versus resilience approaches in road planning and design in delta areas: Mekong floodplains in Cambodia and Vietnam [J]. Journal of Environmental Planning and Management, 2012, 55 (10): 1289 – 1310.

[136] Dubovyk O, Sliuzas R, Flacke J. Spatio-temporal modelling of informal settlement development in Sancaktepe district, Istanbul, Turkey [J]. Isprs Journal of Photogrammetry and Remote Sensing, 2011, 66 (2): 235 – 246.

[137] Duranton G, Turner M A. Urban Growth and Transportation [J]. The Review of Economic Studies, 2012, 79 (4): 1407 – 1440.

[138] Dutra Aguiar A P, Camara G, Sobral Escada M I. Spatial statistical analysis of land-use determinants in the Brazilian Amazonia: Exploring

intra-regional heterogeneity [J]. Ecological Modelling, 2007, 209 (2 - 4): 169 - 188.

[139] Eigenbrod F, Hecnar S J, Fahrig L. Quantifying the Road - Effect Zone: Threshold Effects of a Motorway on Anuran Populations in Ontario, Canada [J]. Ecology and Society, 2009, 14 (241).

[140] Eisenbies M H, Aust W M, Burger J A, et al. Forest operations, extreme flooding events, and considerations for hydrologic modeling in the Appalachians—A review [J]. Forest Ecology and Management, 2007, 242 (2 - 3): 77 - 98.

[141] Eiter S, Potthoff K. Landscape changes in Norwegian mountains: Increased and decreased accessibility, and their driving forces [J]. Land Use Policy, 2016, 54: 235 - 245.

[142] Eker M, Coban H O. Impact of road network on the structure of a multifunctional forest landscape unit in southern Turkey [J]. Journal of Environmental Biology, 2010, 31 (1 - 2): 157.

[143] Fahrig L, Rytwinski T. Effects of Roads on Animal Abundance: an Empirical Review and Synthesis [J]. Ecology & Society, 2009, 14 (1): 124.

[144] Fan F, Wang Y, Qiu M, et al. Evaluating the Temporal and Spatial Urban Expansion Patterns of Guangzhou from 1979 to 2003 by Remote Sensing and GIS Methods [J]. International Journal of Geographical Information Science, 2009, 23 (11): 1371 - 1388.

[145] Fang S F, Gertner G Z, Sun Z L, et al. The impact of interactions in spatial simulation of the dynamics of urban sprawl [J]. Landscape and Urban Planning, 2005, 73 (4): 294 - 306.

[146] Forman R T. The missing catalyst: Design and planning with ecology roots [J]. Ecology and design: Frameworks for learning, 2002: 85 - 109.

[147] Forman R T. Road ecology: science and solutions [M]. Island Press, 2003.

[148] Forman R T, Alexander L E. Roads and their major ecological effects [J]. Annual review of ecology and systematics, 1998: 202 – 207.

[149] Forman R T, Deblinger R D. The ecological road-effect zone of a Massachusetts (USA) suburban highway [J]. Conservation biology, 2000, 14 (1): 36 – 46.

[150] Forman R T, Reineking B, Hersperger A M. Road traffic and nearby grassland bird patterns in a suburbanizing landscape [J]. Environmental management, 2002, 29 (6): 782 – 800.

[151] Fotheringham A S, Charlton M E, Brunsdon C. Geographically weighted regression: a natural evolution of the expansion method for spatial data analysis [J]. Environment & Planning A, 1998, 30 (11): 1905 – 1927.

[152] Fotheringham A S, MartinCharlton, ChrisBrunsdon. The geography of parameter space: an investigation of spatial non-stationarity [J]. International Journal of Geographical Information Systems, 1996, 10 (5): 605 – 627.

[153] Francis C D, Ortega C P, Cruz A. Noise Pollution Filters Bird Communities Based on Vocal Frequency [J]. Plos One, 2011, 6 (11): e27052.

[154] Fransen P J B, Phillips C J, Fahey B D. Forest road erosion in New Zealand: overview [J]. Earth Surface Processes and Landforms, 2001, 26 (2): 165 – 174.

[155] Freitas S R, Hawbaker T J, Metzger J P. Effects of roads, topography, and land use on forest cover dynamics in the Brazilian Atlantic Forest [J]. Forest Ecology and Management, 2010, 259 (3): 410 – 417.

[156] Fu W, Liu S, Dong S. Landscape pattern changes under the

disturbance of road networks [J]. Procedia Environmental Sciences, 2010, 2: 859 – 867.

[157] Garcia – López M. Urban spatial structure, suburbanization and transportation in Barcelona [J]. Journal of Urban Economics, 2012, 72 (2 – 3): 176 – 190.

[158] Geist H J, Lambin E F. Dynamic causal patterns of desertification [J]. Bioscience, 2004, 54 (9): 817 – 829.

[159] Gellrich M, Zimmermann N E. Investigating the regional-scale pattern of agricultural land abandonment in the Swiss mountains: A spatial statistical modelling approach [J]. Landscape and Urban Planning, 2007, 79 (1): 65 – 76.

[160] Giuliano G. Land use impacts of transportation investments: Highway and transit [M]. 2004.

[161] Giuliano G, Redfearn C, Agarwal A, et al. Network Accessibility and Employment Centres [J]. Urban Studies, 2012, 49 (1): 77 – 95.

[162] Gustafson E J, Hammer R B, Radeloff V C, et al. The Relationship between Environmental Amenities and Changing Human Settlement Patterns between 1980 and 2000 in the Midwestern USA [J]. Landscape Ecology, 2005, 20 (7): 773 – 789.

[163] Gustafson E J, Hammer R B, Radeloff V C, et al. The relationship between environmental amenities and changing human settlement patterns between 1980 and 2000 in the midwestern USA [J]. Landscape Ecology, 2005, 20 (7): 773 – 789.

[164] Hahs A K, McDonnell M J. Selecting independent measures to quantify Melbourne's urban-rural gradient [J]. Landscape and Urban Planning, 2006, 78 (4): 435 – 448.

[165] Handy S L, Niemeier D A. Measuring Accessibility: An Explo-

ration of Issues and Alternatives [J]. Environment and Planning A, 1997, 29 (7): 1175 – 1194.

[166] Handy S. Smart growth and the transportationb – Land use connection: What does the research tell us? [J]. International Regional Science Review, 2005, 28 (2): 146 – 167.

[167] Hansen W G. How Accessibility Shapes Land Use [J]. Journal of the American Institute of Planners, 1959, 25 (2): 73 – 76.

[168] Hanski I, Gilpin M. Metapopulation dynamics: brief history and conceptual domain //Metapopulation Dynamics: Empirical and Theoretical Investigations [M]. Academic Press, 1991: 3 – 16.

[169] Hawbaker T J, Radeloff V C. Roads and Landscape Pattern in Northern Wisconsin Based on a Comparison of Four Road Data Sources [J]. Conservation Biology, 2004, 18 (5): 1233 – 1244.

[170] Hawbaker T J, Radeloff V C, Hammer R B, et al. Road Density and Landscape Pattern in Relation to Housing Density, and Ownership, Land Cover, and Soils [J]. Landscape Ecology, 2005, 20 (5): 609 – 625.

[171] Henry M S, Barkley D L, Bao S. The hinterland's stake in metropolitan growth: Evidence from selected southern regions [J]. Journal of Regional Science, 1997, 37 (3): 479 – 501.

[172] Hersperger A M, Bürgi M. Going beyond landscape change description: Quantifying the importance of driving forces of landscape change in a Central Europe case study [J]. Land Use Policy, 2009, 26 (3): 640 – 648.

[173] Holderegger R, Di Giulio M. The genetic effects of roads: A review of empirical evidence [J]. Basic and Applied Ecology, 2010, 11 (6): 522 – 531.

[174] Hölzel H, Diekkrüger B. Predicting the impact of linear land-

scape elements on surface runoff, soil erosion, and sedimentation in the Wahnbach catchment, Germany [J]. Hydrological Processes, 2012, 26 (11): 1642 - 1654.

[175] Hu Z, Lo C P. Modeling urban growth in Atlanta using logistic regression [J]. Computers Environment and Urban Systems, 2007, 31 (6): 667 - 688.

[176] Huijser M P, Bergers P J M. The effect of roads and traffic on hedgehog (Erinaceus europaeus) populations [J]. Biological Conservation, 2000, 95 (1): 111 - 116.

[177] Iacono M, Levinson D. Predicting Land Use Change [J]. Transportation Research Record: Journal of the Transportation Research Board, 2009, 2119: 130 - 136.

[178] Jaeger J A G, Raumer H S, Esswein H, et al. Time series of landscape fragmentation caused by transportation infrastructure and urban development: a case study from Baden - Wurttemberg, Germany [J]. Ecology and Society, 2007, 12 (221).

[179] Jenerette G D, Harlan S L, Brazel A, et al. Regional relationships between surface temperature, vegetation, and human settlement in a rapidly urbanizing ecosystem [J]. Landscape Ecology, 2007, 22 (3): 353 - 365.

[180] Jha M K, Kim E. Highway Route Optimization Based on Accessibility, Proximity, and Land - Use Changes [J]. Journal of Transport Geography, 2006, 132 (5): 435 - 439.

[181] Jiang L, Deng X, Seto K C. The impact of urban expansion on agricultural land use intensity in China [J]. Land Use Policy, 2013, 35: 33 - 39.

[182] Jimenez M D, Ruiz - Capillas P, Mola I, et al. Soil Development at The Roadside: a Case Study of a Novel Ecosystem [J]. Land Degra-

dation & Development, 2013, 24 (6): 564 - 574.

[183] Jiwattanakulpaisarn P, Noland R B, Graham D J, et al. Highway infrastructure and state-level employment: A causal spatial analysis [J]. Papers in Regional Science, 2009, 88 (1): 133 - 159.

[184] Johnes M. Aberfan and the Management of Trauma [J]. Disasters, 2000, 24 (1): 1 - 17.

[185] Jordán - López A, Martínez - Zavala L, Bellinfante N. Impact of different parts of unpaved forest roads on runoff and sediment yield in a Mediterranean area [J]. Science of The Total Environment, 2009, 407 (2): 937 - 944.

[186] Ju H, Zhang Z, Zuo L, et al. Driving forces and their interactions of built-up land expansion based on the geographical detector-a case study of Beijing, China [J]. International Journal of Geographical Information Science, 2016, 30 (11): 2188 - 2207.

[187] Karlson M, Mörtberg U. A spatial ecological assessment of fragmentation and disturbance effects of the Swedish road network [J]. Landscape and Urban Planning, 2015, 134: 53 - 65.

[188] Kasraian D, Maat K, Stead D, et al. Long-term impacts of transport infrastructure networks on land-use change: an international review of empirical studies [J]. Transport Reviews, 2016, 36 (6): 772 - 792.

[189] Katz H A, Daniels J M, Ryan S. Slope-area thresholds of road-induced gully erosion and consequent hillslope-channel interactions [J]. Earth Surface Processes and Landforms, 2014, 39 (3): 285 - 295.

[190] King D. Developing Densely: Estimating the Effect of Subway Growth on New York City Land Uses [J]. Journal of Transport & Land Use, 2011, 4 (2): 19 - 32.

[191] Kingsley Z G. Human behavior and the principle of least effort: an introduction to human ecology [M]. Addison - Wesley Press, 1949.

[192] Kotavaara O, Antikainen H, Rusanen J. Population change and accessibility by road and rail networks: GIS and statistical approach to Finland 1970 - 2007 [J]. Journal of Transport Geography, 2011a, 19 (4): 926 - 935.

[193] Kotavaara O, Antikainen H, Rusanen J. Urbanization and Transportation in Finland, 1880 - 1970 [J]. Journal of Interdisciplinary History, 2011b, 42 (1): 89 - 109.

[194] Kristensen S R B P, Reenberg A, Pe A J J D. Exploring local rural landscape changes in Denmark: A human-environmental timeline perspective [J]. Geografisk Tidsskrift - Danish Journal of Geography, 2009, 109 (1): 47 - 67.

[195] La Marche J L, Lettenmaier D P. Effects of forest roads on flood flows in the Deschutes River, Washington [J]. Earth Surface Processes and Landforms, 2001, 26 (2): 115 - 134.

[196] Latocha A. Geomorphic connectivity within abandoned small catchments (Stołowe Mts, SW Poland) [J]. Geomorphology, 2014, 212: 4 - 15.

[197] Lein J K, Day K L. Assessing the growth-inducing impact of the Appalachian Development Highway System in southern Ohio: Did policy promote change? [J]. Land Use Policy, 2008, 25 (4): 523 - 532.

[198] Leitão A B, Ahern J. Applying landscape ecological concepts and metrics in sustainable landscape planning [J]. Landscape & Urban Planning, 2002, 59 (2): 65 - 93.

[199] Levinson D. Density and dispersion: the co-development of land use and rail in London [J]. Journal of Economic Geography, 2008, 8 (1): 55 - 77.

[200] Li H B, Wu J G. Use and misuse of landscape indices [J]. Landscape Ecology, 2004, 19 (4): 389 - 399.

［201］ Li J, Wang W, Hu G, et al. Changes in ecosystem service values in Zoige Plateau, China ［J］. Agriculture, Ecosystems & Environment, 2010, 139 （4）: 766 – 770.

［202］ Li T, Shilling F, Thorne J, et al. Fragmentation of China's landscape by roads and urban areas ［J］. Landscape Ecology, 2010, 25 （6）: 839 – 853.

［203］ Li X, Zhou W, Ouyang Z. Forty years of urban expansion in Beijing: What is the relative importance of physical, socioeconomic, and neighborhood factors? ［J］. Applied Geography, 2013, 38: 1 – 10.

［204］ Lieskovsky J, Lieskovsky T, Piscova V. Physical accessibility and its role in landscape developmentthree historical analyses from South Slovakia ［J］. Landscape Research, 2017, 42 （5）: 498 – 507.

［205］ Lin T, Sun C, Li X, et al. Spatial pattern of urban functional landscapes along an urban-rural gradient: A case study in Xiamen City, China ［J］. International Journal of Applied Earth Observation and Geoinformation, 2016, 46: 22 – 30.

［206］ Liu J Y, Zhan J Y, Deng X Z. Spatio-temporal patterns and driving forces of urban land expansion in china during the economic reform era ［J］. Ambio, 2005, 34 （6）: 450 – 455.

［207］ Liu S, Deng L, Zhao Q, et al. Effects of road network on vegetation pattern in Xishuangbanna, Yunnan Province, Southwest China ［J］. Transportation Research Part D: Transport and Environment, 2011, 16 （8）: 591 – 594.

［208］ Liu S, Dong Y. Characterizing the hierarchy of road network and its landscape effect with graph theory ［M］//Zhang X S, Liu D G, Wang Y. Lecture Notes in Operations Research, 2008: 152 – 159.

［209］ Liu Y, Li J, Zhang H. An ecosystem service valuation of land use change in Taiyuan City, China ［J］. Ecological Modelling, 2012, 225:

127 – 132.

［210］Liu Y, X Cao, Li T. Identifying Driving Forces of Built – Up Land Expansion Based on the Geographical Detector: A Case Study of Pearl River Delta Urban Agglomeration ［J］. International Journal of Environmental Research and Public Health, 2020, 17 (5).

［211］Liu Y, Cao X, Xu J, et al. Influence of traffic accessibility on land use based on Landsat imagery and internet map: A case study of the Pearl River Delta urban agglomeration ［J］. Plos One, 2019, 14 (12): e0224136.

［212］Long Y, Gu Y, Han H. Spatiotemporal heterogeneity of urban planning implementation effectiveness: Evidence from five urban master plans of Beijing ［J］. Landscape and Urban Planning, 2012, 108 (2 – 4): 103 – 111.

［213］Loo B P Y. Development of a regional transport infrastructure: some lessons from the Zhujiang Delta, Guangdong, China ［J］. Journal of Transport Geography, 1999, 7 (1): 43 – 63.

［214］Luce C H. Hydrological processes and pathways affected by forest roads: what do we still need to learn? ［J］. Hydrological Processes, 2002, 16 (14): 2901 – 2904.

［215］Luce C H, Cundy T W. Parameter identification for a runoff model for forest roads ［J］. Water Resources Research, 1994, 30 (4): 1057 – 1069.

［216］Luce C H, Wemple B C. Introduction to special issue on hydro-logic and geomorphic effects of forest roads ［J］. Earth Surface Processes and Landforms, 2001, 26 (2): 111 – 113.

［217］Luck M, Wu J G. A gradient analysis of urban landscape pat-tern: a case study from the Phoenix metropolitan region, Arizona, USA ［J］. Landscape Ecology, 2002, 17 (4): 327 – 339.

[218] Luo J, Wei Y H D. Modeling spatial variations of urban growth patterns in Chinese cities: The case of Nanjing [J]. Landscape and Urban Planning, 2009, 91 (2): 51 –64.

[219] Luo T, Zhang T, Wang Z, et al. Driving Forces of Landscape Fragmentation due to Urban Transportation Networks: Lessons from Fujian, China [J]. Journal of Urban Planning and Development, 2016, 142 (040150132).

[220] Madej M A. Erosion and sediment delivery following removal of forest roads [J]. Earth Surface Processes and Landforms, 2001, 26 (2): 175 –190.

[221] McDonnell M J, Pickett S T. Ecosystem structure and function along urban-rural gradients: an unexploited opportunity for ecology [J]. Ecology, 1990, 71 (4): 1232 –1237.

[222] McGarigal K, Romme W H, Crist M, et al. Cumulative effects of roads and logging on landscape structure in the San Juan Mountains, Colorado (USA) [J]. Landscape Ecology, 2001, 16 (4): 327 –349.

[223] McMillen D P, William Lester T. Evolving subcenters: employment and population densities in Chicago, 1970 – 2020 [J]. Journal of Housing Economics, 2003, 12 (1): 60 –81.

[224] Montgomery D R. Road surface drainage, channel initiation, and slope instability [J]. Water Resources Research, 1994, 30 (6): 1925 – 1932.

[225] Mothorpe C, Hanson A, Schnier K. The impact of interstate highways on land use conversion [J]. Annals of Regional Science, 2013, 51 (3): 833 –870.

[226] Müller K, Steinmeier C, Küchler M. Urban growth along motorways in Switzerland [J]. Landscape and Urban Planning, 2010, 98 (1): 3 –12.

[227] Nagendra H, Southworth J, Tucker C. Accessibility as a deter-minant of landscape transformation in western Honduras: linking pattern and process [J]. Landscape Ecology, 2003, 18 (2): 141-158.

[228] Nogués S, Cabarga-Varona A. Modelling land use changes for landscape connectivity: The role of plantation forestry and highways [J]. Journal for Nature Conservation, 2014, 22 (6): 504-515.

[229] Nyssen J, Poesen J, Moeyersons J, et al. Impact of road build-ing on gully erosion risk: a case study from the Northern Ethiopian Highlands [J]. Earth Surface Processes and Landforms, 2002, 27 (12): 1267-1283.

[230] Oja T, Alamets K, Pärnamets H. Modelling bird habitat suita-bility based on landscape parameters at different scales [J]. Ecological Indi-cators, 2005, 5 (4): 314-321.

[231] Ooba M, Wang Q, Murakami S, et al. Biogeochemical model (BGC-ES) and its basin-level application for evaluating ecosystem services under forest management practices [J]. Ecological Modelling, 2010, 221 (16): 1979-1994.

[232] Ortega E, Martín B, Gonzalez E, et al. A contribution for the evaluation of the territorial impact of transport infrastructures in the early sta-ges of the EIA: application to the Huelva (Spain)-Faro (Portugal) rail link [J]. Journal of Environmental Planning and Management, 2015, 59 (2): 302-319.

[233] Pătru-Stupariu I, Stupariu M, Tudor C A, et al. Landscape fragmentation in Romania's Southern Carpathians: Testing a European assess-ment with local data [J]. Landscape and Urban Planning, 2015, 143: 1-8.

[234] Pauwels F, Gulinck H. Changing minor rural road networks in relation to landscape sustainability and farming practices in West Europe [J].

Agriculture Ecosystems & Environment, 2000, 77 (1): 95 - 99.

[235] Pechenick A M, Rizzo D M, Morrissey L A, et al. A multi-scale statistical approach to assess the effects of connectivity of road and stream networks on geomorphic channel condition [J]. Earth Surface Processes & Landforms, 2014, 39 (11): 1538 - 1549.

[236] Pijanowski B C, Tayyebi A, Delavar M R, et al. Urban Expansion Simulation Using Geospatial Information System and Artificial Neural Networks [J]. International Journal of Environmental Research, 2009, 3 (4): 493 - 502.

[237] Poelmans L, Van Rompaey A. Detecting and modelling spatial patterns of urban sprawl in highly fragmented areas: A case study in the Flanders - Brussels region [J]. Landscape and Urban Planning, 2009, 93 (1): 10 - 19.

[238] Polasky S, Nelson E, Pennington D, et al. The Impact of Land - Use Change on Ecosystem Services, Biodiversity and Returns to Landowners: A Case Study in the State of Minnesota [J]. Environmental and Resource Economics, 2011, 48 (2): 219 - 242.

[239] Primdahl J, Swaffield S. Globalisation and the sustainability of agriculture landscapes [J]. Cambridge University Press, Cambridge, 2010: 1 - 15.

[240] Qasim M, Hubacek K, Termansen M. Underlying and proximate driving causes of land use change in district Swat, Pakistan [J]. Land Use Policy, 2013, 34: 146 - 157.

[241] Qiming Z, Huiping L. Developing urban growth predictions from spatial indicators based on multi-temporal images [J]. Computers, Environment and Urban Systems, 2005, 29 (5): 580 - 594.

[242] Quine C P, Watts K. Successful de-fragmentation of woodland by planting in an agricultural landscape? An assessment based on landscape in-

dicators [J]. Journal of Environmental Management, 2009, 90 (1): 251 – 259.

[243] Akgüngör S. and Aldemir C. , et al. The effect of railway expansion on population in Turkey, 1856 – 2000. Journal of Interdisciplinary History [J]. 2011, 42 (1): 135 – 157.

[244] Reid L M, Dunne T. Sediment production from forest road surfaces [J]. Water Resources Research, 1984, 20 (11): 1753 – 1761.

[245] Reijnen R, Foppen R, Meeuwsen H. The effects of traffic on the density of breeding birds in Dutch agricultural grasslands [J]. Biological Conservation, 1996, 75 (3): 255 – 260.

[246] Reijnen R, Foppen R, Veenbaas G. Disturbance by traffic of breeding birds: Evaluation of the effect and considerations in planning and managing road corridors [J]. Biodiversity and Conservation, 1997, 6 (4): 567 – 581.

[247] Reimets R, Uuemaa E, Oja T, et al. Urbanisation-related Landscape Change in Space and Time along Spatial Gradients near Roads: A Case Study from Estonia [J]. Landscape Research, 2015, 40 (2): 192 – 207.

[248] Rheindt, Frank E. The impact of roads on birds: Does song frequency play a role in determining susceptibility to noise pollution? [J]. Journal of Ornithology, 2003, 144 (3): 295 – 306.

[249] Riitters K H, O'Neill R V, Hunsaker C T, et al. A factor analysis of landscape pattern and structure metrics [J]. Landscape Ecology, 1995, 10 (1): 23 – 39.

[250] Rytwinski T, Fahrig L. Do species life history traits explain population responses to roads? A meta-analysis [J]. Biological Conservation, 2012, 147 (1): 87 – 98.

[251] Saunders S C, Mislivets M R, Chen J, et al. Effects of roads

on landscape structure within nested ecological units of the Northern Great Lakes Region, USA [J]. Biological Conservation, 2002, 103 (2): 209 – 225.

[252] Saura M. Prioritizing highway defragmentation locations for restoring landscape connectivity [J]. Environmental Conservation, 2013.

[253] Schindler S, Poirazidis K, Wrbka T. Towards a core set of landscape metrics for biodiversity assessments: A case study from Dadia National Park, Greece [J]. Ecological Indicators, 2008, 8 (5): 502 – 514.

[254] Schneeberger N, Bürgi M, Hersperger A M, et al. Driving forces and rates of landscape change as a promising combination for landscape change research—An application on the northern fringe of the Swiss Alps [J]. Land Use Policy, 2007, 24 (2): 349 – 361.

[255] Schwartz R, Thévenin T. Spatial History: Railways, Uneven Development, and Population Change in France and Great Britain, 1850 – 1914 [J]. Journal of Interdisciplinary History, 2011, 42 (1): 53 – 88.

[256] Serneels S, Lambin E F. Proximate causes of land-use change in Narok District, Kenya: a spatial statistical model [J]. Agriculture Ecosystems & Environment, 2001, 85 (1): 65 – 81.

[257] Serra P, Pons X, Saurí D. Land-cover and land-use change in a Mediterranean landscape: A spatial analysis of driving forces integrating biophysical and human factors [J]. Applied Geography, 2008, 28 (3): 189 – 209.

[258] Seto K C, Fragkias M. Quantifying Spatiotemporal Patterns of Urban Land-use Change in Four Cities of China with Time Series Landscape Metrics [J]. Landscape Ecology, 2005, 20 (7): 871 – 888.

[259] Seto K C, Kaufmann R K. Modeling the drivers of urban land use change in the Pearl River Delta, China: Integrating remote sensing with socioeconomic data [J]. Land Economics, 2003, 79 (1): 106 – 121.

[260] Shaw S L. Transportation and Land Use [J]. International Encyclopedia of Human Geography, 2009, 21 (3): 470 – 475.

[261] Shen Q. Location Characteristics of Inner – City Neighborhoods and Employment Accessibility of Low – Wage Workers [J]. Environment & Planning B Planning & Design, 1998, 25 (3): 345 – 365.

[262] Sidle R C, Ziegler A D. The dilemma of mountain roads [J]. Nature Geoscience, 2012, 5 (7): 437 – 438.

[263] Silveira L E D, Alves D, Lima N M, et al. Population and Railways in Portugal, 1801 – 1930 [J]. Railway Ecology, 2011, 42 (1): 29 – 52.

[264] Stanilov K. Accessibility and land use: The case of suburban Seattle, 1960 – 1990 [J]. Regional Studies, 2003, 37 (8): 783 – 794.

[265] Su S, Xiao R, Li D, et al. Impacts of Transportation Routes on Landscape Diversity: A Comparison of Different Route Types and Their Combined Effects [J]. Environmental Management, 2014, 53 (3): 636 – 647.

[266] Sugden B D, Woods S W. Sediment Production From Forest Roads in Western Montana1 [J]. JAWRA Journal of the American Water Resources Association, 2007, 43 (1): 193 – 206.

[267] Summers P D, Cunnington G M, Fahrig L. Are the negative effects of roads on breeding birds caused by traffic noise? [J]. Journal of Applied Ecology, 2011, 48 (6): 1527 – 1534.

[268] Takken I, Croke J, Lane P. Thresholds for channel initiation at road drain outlets [J]. Catena, 2008, 75 (3): 257 – 267.

[269] Tarolli P. Recognition of surface flow processes influenced by roads and trails in mountain areas using high-resolution topography [J]. European Journal of Remote Sensing, 2013: 176 – 197.

[270] Thomaz E L, Vestena L R, Ramos Scharrón C E. The effects of

unpaved roads on suspended sediment concentration at varying spatial scales-a case study from Southern Brazil [J]. Water and Environment Journal, 2014, 28 (4): 547 – 555.

[271] Tian G J, Liu J Y, Xie Y C, et al. Analysis of spatio-temporal dynamic pattern and driving forces of urban land in China in 1990s using TM images and GIS [J]. Cities, 2005, 22 (6): 400 – 410.

[272] Tian G, Qiao Z, Zhang Y. The investigation of relationship between rural settlement density, size, spatial distribution and its geophysical parameters of China using Landsat TM images [J]. Ecological Modelling, 2012, 231: 25 – 36.

[273] Tian G, Wu J. Comparing urbanization patterns in Guangzhou of China and Phoenix of the USA: The influences of roads and rivers [J]. Ecological Indicators, 2015, 52: 23 – 30.

[274] Tikka P M, Hogmander H, Koski P S. Road and railway verges serve as dispersal corridors for grassland plants [J]. Landscape Ecology, 2001, 16 (7): 659 – 666.

[275] Troll C. Luftbildplan und Ökologische Bodenforschung. Ihr zweckmäßiger Einsatz für die wissenschaftliche Erforschung und praktische Erschließung wenig bekannter Länder [J]. Zeitschrift der gesellschaft für erdkunde zu Berlin, 1939 (7, 8): 241 – 298.

[276] Trombulak S C, Frissell C A. Review of ecological effects of roads on terrestrial and aquatic communities [J]. Conservation Biology, 2000, 14 (1): 18 – 30.

[277] Turner M G, Gardner R H, O'Neill R V. Landscape ecology in theory and practice [M]. Springer, 2001.

[278] Uuemaa E, Roosaare J, Mander ü. Scale dependence of landscape metrics and their indicatory value for nutrient and organic matter losses from catchments [J]. Ecological Indicators, 2005, 5 (4): 350 – 369.

[279] Vasas V, Magura T, Jordán F, et al. Graph theory in action: evaluating planned highway tracks based on connectivity measures [J]. Landscape Ecology, 2009, 24 (5): 581 – 586.

[280] Verburg P H, Chen Y Q. Multiscale characterization of land-use patterns in China [J]. Ecosystems, 2000, 3 (4): 369 – 385.

[281] Verburg P H, Witte N. Accessibility and land-use patterns at the forest fringe in the northeastern part of the Philippines [J]. The Geographical Journal, 2004, 170 (3): 238 – 255.

[282] Vermeiren K, Van Rompaey A, Loopmans M, et al. Urban growth of Kampala, Uganda: Pattern analysis and scenario development [J]. Landscape and Urban Planning, 2012, 106 (2): 199 – 206.

[283] Vickerman R. Accessibility, attraction, and potential: a review of some concepts and their use in determining mobility [J]. Environment & Planning A, 1974, 6 (6): 675 – 691.

[284] Wachs M, Kumagai T G. Physical accessibility as a social indicator [J]. Socio – Economic Planning Sciences, 1973, 7 (5): 437 – 456.

[285] Wang X, Zheng D, Shen Y. Land use change and its driving forces on the Tibetan Plateau during 1990 – 2000 [J]. Catena, 2008, 72 (1): 56 – 66.

[286] Wang, J. F.; Li, X. H.; Christakos, G.; Liao, Y. L.; Zhang, T.; Gu, X.; Zheng, X. Y., Geographical Detectors – Based Health Risk Assessment and its Application in the Neural Tube Defects Study of the Heshun Region, China [J]. International Journal of Geographical Information Science 2010, 24, (1): 107 – 127.

[287] Wang, J. F.; Zhang, T. L.; Fu, B. J., A measure of spatial stratified heterogeneity [J]. Ecological Indicators, 2016, 67: 250 – 256.

[288] Wegener M, Fuerst F. Land – Use Transport Interaction: State of the Art [J]. Urban/regional, 2004.

［289］Wemple B C, Jones J A. Runoff production on forest roads in a steep, mountain catchment ［J］. Water Resources Research, 2003, 39 (8): n/a – n/a.

［290］Wemple B C, Jones J A, Grant G E. Channel Network Extension by Logging Roads in Two Basins, Western Cascades, Oregon ［J］. Jawra Journal of the American Water Resources Association, 1996, 32 (6): 1195 – 1207.

［291］Wemple B C, Swanson F J, Jones J A. Forest roads and geomorphic process interactions, Cascade Range, Oregon ［J］. Earth Surface Processes and Landforms, 2001, 26 (2): 191 – 204.

［292］Weng Y. Spatiotemporal changes of landscape pattern in response to urbanization ［J］. Landscape and Urban Planning, 2007, 81 (4): 341 – 353.

［293］Wilkie D, Shaw E, Rotberg F, et al. Roads, development, and conservation in the Congo basin ［J］. Conservation Biology, 2000, 14 (6): 1614 – 1622.

［294］Wu C, Lin Y, Chiang L, et al. Assessing highway's impacts on landscape patterns and ecosystem services: A case study in Puli Township, Taiwan ［J］. Landscape and Urban Planning, 2014, 128: 60 – 71.

［295］Wu F, Yeh G O. Changing Spatial Distribution and Determinants of Land Development in Chinese Cities in the Transition from a Centrally Planned Economy to a Socialist Market Economy: A Case Study of Guangzhou ［J］. Urban Studies, 1997, 34 (11): 1851 – 1879.

［296］Wu J. Landscape Ecology, Cross-disciplinarity, and Sustainability Science ［J］. Landscape Ecology, 2006, 21 (1): 1 – 4.

［297］Wu J. Past, present and future of landscape ecology ［J］. Landscape Ecology, 2007, 22 (10): 1433 – 1435.

［298］Wu J, David J L. A spatially explicit hierarchical approach to modeling complex ecological systems: theory and applications [J]. 2002, 153 (1): 7 - 26.

[299] Wu J, Shen W, Sun W, et al. Empirical patterns of the effects of changing scale on landscape metrics [J]. Landscape Ecology, 2002, 17 (8): 761 - 782.

[300] Wu Q, Hu D, Wang R, et al. A GIS - based moving window analysis of landscape pattern in the Beijing metropolitan area, China [J]. International Journal of Sustainable Development and World Ecology, 2006, 13 (5): 419 - 434.

[301] Brotons S, Herrando S. Reduced bird occurrence in pine forest fragments associated with road proximity in a Mediterranean agricultural area [J]. Landscape & Urban Planning, 2001, 57 (2): 77 - 89.

[302] Xiao J Y, Shen Y J, Ge J F, et al. Evaluating urban expansion and land use change in Shijiazhuang, China, by using GIS and remote sensing [J]. Landscape and Urban Planning, 2006, 75 (1 - 2): 69 - 80.

[303] Xiao R, Su S, Wang J, et al. Local spatial modeling of paddy soil landscape patterns in response to urbanization across the urban agglomeration around Hangzhou Bay, China [J]. Applied Geography, 2013, 39: 158 - 171.

[304] Xie F, Levinson D. How streetcars shaped suburbanization: a Granger causality analysis of land use and transit in the Twin Cities [J]. Journal of Economic Geography, 2010, 10 (3): 453 - 470.

[305] Yu X J, Ng C N. Spatial and temporal dynamics of urban sprawl along two urban-rural transects: A case study of Guangzhou, China [J]. Landscape and Urban Planning, 2007, 79 (1): 96 - 109.

[306] Zhang C, Selinus O. Spatial analyses for copper, lead and zinc contents in sediments of the Yangtze River basin [J]. Science of the Total Environment, 1997, 204 (3): 251 - 262.

［307］ Zhang R, Pu L, Zhu M. Impacts of transportation arteries on land use patterns in urban-rural fringe: A comparative gradient analysis of Qixia District, Nanjing City, China ［J］. Chinese Geographical Science, 2013, 23 (3): 378 – 388.

［308］ Zhang Z, Su S, Xiao R, et al. Identifying determinants of urban growth from a multi-scale perspective: A case study of the urban agglomeration around Hangzhou Bay, China ［J］. Applied Geography, 2013, 45: 193 – 202.

［309］ Zhu M, Xu J, Jiang N, et al. Impacts of road corridors on urban landscape pattern: a gradient analysis with changing grain size in Shanghai, China ［J］. Landscape Ecology, 2006, 21 (5): 723 – 734.

［310］ Ziegler A D, Giambelluca T W, Sutherland R A, et al. Toward understanding the cumulative impacts of roads in upland agricultural watersheds of northern Thailand ［J］. Agriculture, Ecosystems & Environment, 2004, 104 (1): 145 – 158.